徐如人画传

宁德宽 著

家国情怀

中国科学技术出版社
·北京·

图书在版编目（CIP）数据

徐如人画传 / 宁德宽著 . -- 北京：中国科学技术
出版社，2022.8（2024.7 重印）
（家国情怀）
ISBN 978-7-5046-9234-4

Ⅰ . ①徐… Ⅱ . ①宁… Ⅲ . ①徐如人—传记—画册
Ⅳ . ① K826.16-64

中国版本图书馆 CIP 数据核字（2021）第 249215 号

责任编辑	何红哲	
责任校对	邓雪梅	
责任印制	徐　飞	
封面设计	中文天地	
版式设计	北京麦莫瑞文化传播有限公司	

出　　版	中国科学技术出版社
发　　行	中国科学技术出版社有限公司
地　　址	北京市海淀区中关村南大街 16 号
邮　　编	100081
发行电话	010-62173865
传　　真	010-62173081
网　　址	http://www.cspbooks.com.cn

开　　本	710mm×1000mm　1/16
字　　数	175 千字
印　　张	10
版　　次	2022 年 8 月第 1 版
印　　次	2024 年 7 月第 2 次印刷
印　　刷	德富泰（唐山）印务有限公司
书　　号	ISBN 978-7-5046-9234-4 / K・322
定　　价	49.00 元

编辑委员会

前言

　　2010年5月，"老科学家学术成长资料采集工程"（简称"采集工程"）正式启动。这项工作致力于搜集、整理、保存、研究中国科学家的学术成长资料，以此记录和展示中国科学家个人科研生涯与中国现代科技发展历程。老科学家是中国科技事业的宝贵财富。新中国从一个贫穷落后的农业国，成长为一个日益繁荣富强的科技大国，在这一过程中，无数科技工作者献出了辛勤的工作。"十四五"规划关于完善科技创新体制机制中明确"要弘扬科学精神和工匠精神，加强科普工作，营造崇尚创新的社会氛围"。

　　书写和阅读科学家传记，一方面为学习他们为国家、社会做出的科学成就和贡献，另一方面也是为传承科学精神、汲取科研经验，最重要的是发扬他们难能可贵的精神品质。通过一幅幅真实的照片，将科学家一路的成长、面临的困难、取得的成就娓娓道来，故事资料来源于"采集工程"，由"采集工程"学术传记的作者执笔，科学家本人、家属与学生、科技史学者把关，真实呈现科学家的科学人生故事。在这样真实动人的故事里，让青少年感受前辈的人生选择，体验科学人生的悲喜忧戚，并以更高、更远的视角穿越历史，追随科学大师的人生脚步，开创属于自己的道路。

　　期望读者和我们一起通过阅读科学家的故事，了解和走近科学大师，领略科学家昂扬的风采、宽广的胸怀，让年轻一代从前辈手中接过"家国"责任，将炙热的青春融入飞速发展的新时代。

目录 Contents

今天，我们要向大家介绍的这位科学家，是长期致力于分子筛及多孔材料研究并创建了无机合成化学学科的学术大师、中国科学院院士——徐如人。

徐如人是国际著名的分子筛与多孔材料学家，我国"无机合成化学"学科的创建者与

▲ 徐如人院士

奠基人，水热合成 / 溶剂热合成化学的开拓者。在国际上首次提出"现代无机合成化学"学科的科学体系，并推动了我国以水热合成为核心的产业的大发展。

以分子筛为代表的多孔材料与国民经济的发展密切相关，是一类目前用途最广、用量最大的催化、吸附分离与离子交换材料。自1976年开始，徐如人一直潜心从事分子筛科学的基础研究，在国际上取得了系统、突出并具有前瞻性的研究成果，引领了国际分子筛发展史上的第三个里程碑，为推动我国在该领域的研究逐步走向国际前列、支撑我国炼油催化工业的兴起做出了重要贡献。

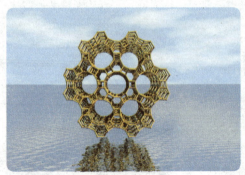

▲ 分子筛结构模型

▲ 分子筛生产工厂

▲ 1998年《文汇报》（香港）对徐如人的报道

1993年，徐如人在吉林大学创建了我国首个无机水热合成教育部重点实验室并向国内外开放。2001年，在他的带领和建设下，该实验室升级为"无机合成与制备化学国家重点实验室"。撰写了一批包括《无机合成与制备化学》在内的专著，为国际上该学科的创建起到了奠基作用。国际上对徐如人在无机合成化学学科创建及在该领域所做出的杰出成就给予了高度评价。1998年，《文汇报》（香港）专版介绍了徐如人在合成化学领域的贡献，称其为"无机合成化学先锋"。

2007年，国际分子筛协会官方期刊《微孔与介孔材料》出专刊庆贺徐如人75岁生日，国际分子筛协会前主席韦特坎普（J.Weitkamp）教授评价"徐如人教授不但是中国、亚洲，而且是国际分子筛界以及材料科学界的引领者"。

中国科学院院士、中国石化石油化工科学研究院前总工程师、国际沸石分子筛协会原副主席何鸣元

▲ 2007年8月，徐如人与何鸣元在第十五届国际分子筛大会会场合影

指出："我国分子筛产业发展得非常快，取得了很多应用型成果，为推动分子筛领域的研究达到国际前沿，徐如人先生倾注了全部精力。分子筛学术领域发展到今天，徐如人先生的贡献是非常巨大的，没有人可以代替，这是大家所公认的。"

徐如人不仅在专业领域独占鳌头，行稳致远，他在教书育人、学科建设、实验室建设、对外交流、著书立说等方面也是成果显著，并创下了多个第一：在国内率先开展分子筛的设计定向合成研究，率先开展对外交流与国际学术合作，率先创建无机合成化学学科方向，建成了国内第一家无机水热教育部开放实验室并最后发展成为无机合成与制备化学国家重点实验室，把无机化学学科建成了首批国家一级学科，出版了国内第一本《无机合成化学》研究生教材以及该领域的一系列中、英文版的专著，在国际上首次提出了"无机合成化学"的科学体系，等等。然而，就是这样一位卓越的科学家，他的成长经历却历经磨难，饱尝了他人所不曾经历的艰辛和困苦，他百折不挠，最终成就了一番宏伟的事业。

徐如人于1932年3月16日出生在浙江省绍兴市上虞县（今上虞区）下管镇。

上虞自古就是人杰地灵的隆兴之地。那里历史悠久，文化灿烂，有着4500多年的文明史。上虞县下管镇是一个千年古镇，那里风景优美，三面群山环抱，管溪、鹿溪两条溪流绕村而过，曹娥江贯穿而行，是中国古代孝文化的发祥地，历史文化底蕴厚重。现仍保存有西桥五经牌坊、应乾塔、百年老街、千年古道等古建筑，其中，五经牌坊为明朝皇帝为表彰徐氏先人教育上的功勋所建，上面记载着明清数百位功名人士，被尊为下管文风之所赖，三尺禁地内"文官下轿，武官下马"。

▲ 下管镇老街

在下管镇安门立户的徐家，是个诗礼传家、书香门第的望

▲ 应乾塔

族，可谓俊杰辈出。单明朝年间就出进士23位、举人55位，且后贤接踵。我国现代著名文学家徐懋庸先生就出生在下管镇。中共早期党员徐用宾、徐镜渠在此创办了《管溪声》，开创了下管人革命之先声。

▲ 五经牌坊

徐如人的父亲徐浩，年轻时就读于浙江省第一师范学校，毕业后在家乡的小学执教。母亲刘谱人毕业于杭州女子师范学校，参加创建并执教于上虞县立女校。当时他们都是热血青年，受辛亥革命进步思想的熏陶，积极投身于孙中山领导的国民革命，并担任过国民党上虞县党部的领导工作。1920年前后，他们在工作中相识相知，共同的学习和革命经历，使两人很快走到了一起，结为伉俪。1932年，徐如人在下管镇出生，他富有传奇性的人生就此开始。1935年，弟弟徐如镜出生。

1937年，卢沟桥事变爆发，抗日战争全面打响。同年10月7日，日军在上海乍浦

▲ 徐如人的父亲徐浩

▲ 徐如人的母亲刘谱人

强行登陆，很快将战火烧到宁、沪等江南一带。战火的蔓延，迫使地方政府不断向浙江中、南部山区转移。

1937年12月，杭州沦陷，当时年仅5岁的徐如人和2岁的弟弟徐如镜随父母跟着当时国民党浙江省会机关内迁到了作为临时省会的永康县方岩镇。

永康县位于浙江省中部的丘陵地区。方岩镇因附近的方岩山而得名。方岩山海拔380余米，平地拔起，四面如削，峥嵘壁立，俨如撑天方柱。镇北1.5千米处有一座五峰山，峰下有石洞，建有五峰书院，南宋名人陈亮、朱熹、吕祖谦曾在此讲学。洞旁有飞瀑，四时不竭，飞流直下，蔚为奇观。

▲ 1945年，徐如人与父母和弟弟在杭州合影（前排右一为徐如人）

为躲避日军的空袭，临时省府的办公场所建在五峰山陡峭崖壁下面的石室里，共有三层，命名为"重楼"。四周皆有峰峦和树木遮挡，在空中很难发现，是一个绝好的隐蔽场所。时任浙江省主席黄绍竑要求将石室和重楼用清灰涂面，以示不忘国耻。他又命人在外围的山脚下依次建了一些民房，以供随行的省府机关家属居住。

徐如人还依稀记得，他家入住在刚建成的竹木结构的一所小二层的房子里，在这里开始了他童年战乱生活的第一站。

▲ 1938—1942年浙江省政府在五峰山下的临时办公处——重楼

五峰山脚下有一所五峰小学，1938—1939年，已近学龄的徐如人在该小学随班听课，算是他小学生活的开始。

那时，由于日军的疯狂进攻，抗战形势比较严峻，战争使人们流离失所，尤其在孩子们的幼小心灵上留下了恐惧的阴影。他们流离在外，思念家乡，希望战争早日结束。面对这种局面，学校在学生中进行抗战宣传，鼓舞士气，激励斗志。

校长孙一芬亲自创作了一首校歌：

五峰五峰，高托云天，美名早流传。

国难当前，省会驻迁，我校创其间。

来来来，兄弟姊妹，来爱护我们的乐园。

明日迁回，西湖滨，钱江边，齐唱凯旋。

孙一芬创作的这首校歌，对身处战争磨难中的孩子们是一种激励，也是一种心理疏导，起到了一定的安慰作用。

但随着逃难到此的人口不断增加，上学的孩子们也越来越多。1940年秋天，为了解决省会机关以及其他内迁单位的大量子弟的上学问题，当时政府在五峰山麓又建立了一所建国小学。这样，徐如人就与弟弟转入建国小学上学，开始了正规的小学学习生活。

徐如人在建国小学上课还不到一年，1941年5月，日军就迫近离方岩镇不远的金华。他又随父母匆忙转移到宣平县，那里环境更为艰苦，他们居住在宣平县

▲ 五峰小学校歌（1938年8月）

▲ 1942年云和县老街前铺牌坊

（1958年撤县建制）的一家祠堂里，在极其简陋的条件下生活了几个月。这种情况一直持续到8月，战事稍缓后，他们才又迁回方岩镇。

1942年春、夏交会之季，日军大举进攻浙赣线，浙江临时省会在6月又进行了第二次的全面内迁，向南转移到仙霞岭山区的云和县。云和县当时是浙江一个非常贫穷落后的小县，那里山高路险，耕地较少。

那时云和百姓生活很不安宁，日军经常出动飞机轰炸。卫生条件很差，很多人生疥疮、患疟疾，不少人还染上鼠疫。

迁入云和后，徐家临时租住在一户姓魏的老乡家中，徐如人兄弟俩就读的建国小学也随省会的内迁搬到了云和。由于当时迁入单位众多，其中大、中、小学就有十几所，如英士大学和之江大学中的一部分就是那时迁入云和的，导致用地非常紧张。由于没有校舍，建国小学暂时借驻在一家寺庙里上课，孩子们都变成了"小和尚"，整天面对最多的不是老师和先生，而是泥塑金身的罗汉和菩萨。这种情况不止他们一所学校，当时迁来的省立宁波高级工业职业学校就曾借用两座寺庙上课，这成了战争时期学校办学的一种真实写照。这种情况一直持续到徐如人小学毕业。

由于战乱的侵扰，徐如人六年的小学学习时间，实际上还不及正规上课时间的一半。而所谓正规上课，又是在无教材、无资料，全靠老师口授，学生们又不会做笔记的条件下进行的；老师也是经常更换，但其中相当一部分老师是很有学问的，甚至还有逃难于此的留学生，然而他们并没有小学的教学经历与经验，讲授的知识也不连贯；他们上课的教室还经常因战乱而搬迁。在徐如人的记忆中，在方岩镇有相当一段时间因敌机的时常空袭，学校干脆将几个年级的学生直接搬到一个大山洞中进行上课。

▲ 抗战时期徐如人在五峰山上课的山洞

1943年秋，徐如人就在这样很不正规的环境和条件下从建国小学毕业了，当时他11岁。

徐如人从建国小学毕业后，就开始准备上中学的事。那时云和县没有初中，只有一座简易师范学校。当时政府为了解决省级机关工作人员子弟在云和县升学的问题，临时从各地抽调了一批老师成立了省立建国中学。徐如人就是在这时考进建国中学的。

由于没有校舍，学校成立之初借用一个山村中停办的训练班的场地办学。由于交通不便，半个月后又迁到云和县简易师范学校的校址——狮山。狮山是一座被周边群山环抱中的小山，因山形似雄狮蹲踞而得名。

狮山环境优美，景色宜人。校舍建在山上，周围被满山郁郁葱葱的树木包围，山麓间有一条大溪流过，溪水清澈见底，不时有飞鸟在上面掠过、欢鸣。校园里有两棵双人合抱的高大桂树，每当桂花开放时节，离狮山几里外都能闻到随风飘来的桂花香。

可是，在那样一个战乱的年代，人们不可能得闲下来欣赏诗一般的美景，战争破坏了和谐，给人们身心带来无法抹平的创伤。

▲ 位于狮山的云和县简易师范学校旧址

建国中学的第一任校长是青田人周宪初；教务主任是江山人徐正绥，他兼教数学；训育主任兼英语老师姓马，绍兴人，是辛亥先烈马宗汉之子；教美术的是东阳人卜翔；等等。这些都是当时比较优秀的老师，学校条件虽然差，但教学起点并不低。

建国中学初建时，有初一上、下两个班，约100人。由于师资短缺，除语文、数学、英语外，其他许多课程没有开，都成了自习课。那时的学习和生活条件十分艰苦，学生基本都住校。住的是由竹片钉成的双层大通铺，每人的铺位宽不到三尺。学校没有围墙，而与狮山连接的大山中在夜间常传来狼嗥声，徐如人他们这些十二三岁的孩子都怕单独出宿舍，晚上为了上厕所往往叫醒一帮同学"集体行动"。山上没有水源，早晨起床后集队下山洗漱；晚上自习时，四人一盏桐油灯，只许点两根灯草，真是灯光如豆；书本是又粗又灰的再生纸，印的字模糊不清，阅读起来非常吃力。到了第二学期，因冬、春季气候很冷，宿舍阴冷潮湿，卫生条件较差，徐如人实在吃不消，就改成走读了。当时叫"通学"，他每天早出晚归，翻山越岭，来回十多里路。虽然吃了不少辛苦，但也锻炼了体魄。

这段学习经历在徐如人的记忆中十分深刻，学习生活虽然艰苦，却也颇有收获，也算是比较系统地接受了初中教育，增长了知识，磨炼了意志，获得了同学之间的友情，在人生的道路上不断成长起来。

2005年，徐如人被聘为浙江大学兼职教授，讲学之余，他还专程去过云和县学校原址。

这种学习状况持续了将近一年，直到1944年春天，当时的省教育厅为省立建国中学在云和瓦窑村建立了新校舍，虽然只是几排土木结构平房，但毕竟有了比较正规的教室。暑期后他们正式搬进新校舍上课，这是徐如人自小学读书以来第一次就读于有正式校舍的学校。然而好景不长，1943—1945年，日军在浙赣战役失利，丧心病狂的日军向浙南地区开展了细菌战，云和县当时因鼠疫细菌大规模传播而造成大量人口死亡。当时人心惶惶，学校上课又开始不正常了。

每当提起此事，徐如人仍觉触目惊心。他说，鼠疫传播比较严重的时期，早上起来后经常在水缸旁发现死鼠。为防跳蚤传染，家中地上铺满了石灰，他们全部穿上自家缝制的白布高筒及腰长袜以防跳蚤传染。有一段时间，为防止鼠疫传染，就不去学校上课了。再加上1944年冬，云和县附近的丽水县再次沦陷，他们又随父母搬到距离云和县南部30千米的景宁县，后来又撤至靠近福建的泰顺县，直至1945年春夏之际才回到云和县新校舍上完了抗战期间最后一段的初中课程。这一路奔波，使得他的初中教育变得断断续续。

徐如人就是在这样一个战争不断、生活艰难、死亡威胁无处不在、日常学习、生活极其不正常的环境下度过了8年的岁月。虽然战乱对他在基础知识的学习与良好习惯的养成上造成了比较大的负面影响，但从另一个角度讲，由于童年时期受到抗日爱国精神的熏陶，艰苦与动荡生活的磨砺，也为他以后人生的成长起到了一定的积极影响和作用。

另外，徐如人少年时期主要在方岩县与云和县等崇山峻岭中度过。祖国的大好山河陶冶了他爱国、爱生活的美好情操，也使他从小锻炼了一个好的身体与吃苦耐劳的精神。

▲ 2005年，徐如人等人在建国中学旧址合影（左起：徐如人、刘绍、徐如镜、卢亚南）

徐如人在童年受到的家庭教育，主要来自母亲，但父亲的言行也对他产生了潜移默化的影响。由于工作极其繁忙，又加上他的父亲为人严肃、不苟言笑，因此在徐如人的印象中他很少与父亲讲话。但是，父亲在工作中严以律己、办事认真，为官十分清廉节俭，使他印象非常深刻。

父亲工作繁忙，在家中照顾和管教孩子的任务就落在母亲身上。母亲除了在生活上照看他们兄弟俩，由于战乱学校经常停课，母亲就在家中对他们进行一些国学的初级教学，从《三字经》、四书中的《大学》《孟子》篇开始，到要求他们学习一些《古文观止》中的经典文章，诸如《兰亭集序》《阿房宫赋》《滕王阁序》《赤壁赋》等。当时他们对这些经典的古文根本无法全面理解，甚至有些内容完全不懂。母亲告诉他们："先背下来，以后慢慢弄懂。"母亲的教育效果果然有效，直到今天徐如人对有些文章中的精彩段落还记忆犹新，甚至还能朗朗上口，随着年岁的增长也越来越理解其中的文意与哲理，以及其精辟华丽的文采。

在母亲的熏陶下，徐如人看小说的劲头也大为增加，几乎看遍了当时能借到的一些名著，如《水浒传》《三国演义》《西游记》《东周列国志》等。博览群书，不但改变了他的知识结构，开阔了知识面，而且提高了他的道德风貌和文化素质，培养了逻辑缜密的理性思维和创造灵动的人文素养，尤其是后者，对他后来在专业领域取得骄人的成就大有裨益。

　　抗日战争胜利后，徐如人全家回到了杭州。这时，他开始在建国中学读高中，在此期间发生的几件事对他的成长影响非常大。

　　第一件事：父亲罹患胃癌去世。在抗日战争中，徐如人的父亲曾担任过当时国民党浙江省党部书记长，参加浙江省全面抗日战争的领导工作。他因忙于抗战工作，殚精竭虑，日理万机，最终积劳成疾，于1947年9月在上海逝世，享年52岁。当年徐如人只有15岁。父亲住院期间，他的母亲一直在上海陪伴着父亲，只留徐如人和弟弟在杭州学习，日常生活都需要他们自理。由于父亲的病情经常变化，在徐如人的记忆中，他与弟弟经常奔波于杭州、上海之间，有时还要陪住在医院，因此也耽搁了很多学习时间。后来父亲去世，家庭随之发生了巨大变迁，这段经历当时对徐如人产生的影响很大。

　　第二件事：母亲只身去了台湾。徐如人的母亲于1946年曾担任过当时杭州市参议会参议员。在1947—1948年国民党政权组织的首次直接选举中，她当选为首届立法院立法委员。当选立法委员后，便有了一定的政治身份，代表一个阶级的立场。1949年杭州解放后，徐如人的母亲考虑到自己的身份，不得已由上海经香港转道去了台湾。这是一个非常矛盾且难于决策的问题，当时对他们的家庭与徐如人兄弟俩的影响相当大。

第三件事：报考大学。对徐如人来说，更有一个亟待抉择的问题是，1949年夏，他即将报考大学。如果跟随政权的起伏波荡辗转迁徙，必将影响到他人生的选择。经过激烈的思想斗争后，徐如人决定报考上海、杭州两地的大学，如交通大学、复旦大学、浙江大学等学校。他当时不想离开上海、杭州，也不想随母亲一道南撤。这是一个艰难和痛苦的选择，他和弟弟留下来不走，

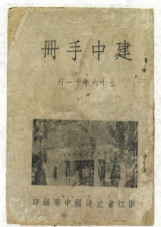

▲ 建国中学学生手册

▲ 建国中学校徽

▲ 徐如人的中学毕业证书

而母亲迫于当时的政治选择又不得不离开，这样势必会造成骨肉分离，他们当时以为不久后可能还会团聚，但没想到却是永别！

这些事情对徐如人的影响都很大，有的甚至是难以做决策的。但童年和青少年时期的磨砺与锻炼，使他养成了遇事不乱、有自己的判断和主见、不随波逐流的性格，他认为自己有能力选择属于他自己的人生道路。

▲ 1947年徐如人在建国中学的班级合影（后排左二为徐如人）

　　1949年4月，杭州解放。此时，距徐如人高中毕业仅有两个月的时间。受战争的影响，以及社会的混乱，再加上家庭的变故对当时徐如人思想上的影响，学习就更不正常了。然而，就是在这样一种时局动荡、心绪复杂、骨肉分离、情感波动非常大的情况下，青年徐如人努力让自己平静下来，开始临阵磨枪，报考大学，迈出了人生极为艰难的一步，也是从此改变他人生命运的一步。

在徐如人的家庭中，与他关系最亲密的就是弟弟徐如镜。

从弟弟出生到1949年徐如人离开杭州去上海读大学的近15年时间，他们一直生活学习在一起，感情特别好。儿时为躲避战乱，他们随父母在浙西南山区中度过了八年的童年时光，徐如人和弟弟一起上

▲ 徐如人的弟弟徐如镜

学、一起玩耍、一起在家做功课。浙西南的山川河流成为他们嬉戏的场所，松石野花结为他们的玩伴儿。徐如人呵护着弟弟，和他朝夕相处；弟弟也依赖着哥哥，与他形影不离。战乱流离虽苦，却也不乏欢乐。抗战胜利返回杭州后，他们还没过上几年好日子，就遭遇了父逝母去的重大家庭变故。此时他们都尚未成人，却需要挑起生活的重担。他们自强自立，相互鼓励，相依为命。家破而不堕其志，清贫而不忘进取。通过勤学苦读，徐如人考上了大学，弟弟则参军入伍，走上了那个年代年轻人所向往的人生道路。在以后各自的学习与工作阶段，甚至成家后，他们两家仍旧相处如同一家人。这些往事在徐如人的记忆

中始终无法忘怀。

1949年暑期结束后，徐如人离开杭州到上海上大学，弟弟徐如镜则继续留在杭州念高中。那时由于母亲已经去了台湾，他们在杭州的家也在新中国成立前夕从原来政府分配的房子搬到了一处狭小的民房。

弟弟徐如镜当时在杭州高级中学住校学习。1950年，抗美援朝战争爆发，国内高等院校与一些高中开展了"参干"运

▲ 徐如人工作之初与弟弟的合影（摄于20世纪50年代）

动，年仅15岁，还在读高二的徐如镜抱着满腔热忱响应号召，踊跃报名且被批准参加了中国人民解放军大连海军学校，学习航海专业。由于徐如镜也将离开杭州，兄弟俩商量后，将他们在杭州的所有家私财物全部捐献给了当地政府，这样，兄弟俩成了名副其实的"无产阶级"。兄弟俩相隔几千里，平时只能靠书信传递思念之情。

由于他们将家中所有财产都交给了当地政府，兄弟俩的生活就完全依靠"自力更生"了。弟弟刚去部队，每个月仅有几块钱的津贴；而徐如人在交通大学念书，除吃饭靠申请助学金外，其他只能依靠在校外找点工作，如做家庭教师或代课老师获得一点收入来补贴生活。在徐如人的记忆中特别难忘的是1951年有几个月，在他生活最困难的时候，弟弟从非常有限的津贴里，每月给哥哥寄1～2元钱来补贴他的日常生活，这件事至今令徐如人感念不已。

▲ 20世纪70年代末徐如镜与哥哥徐如人全家合影

　　1964年，弟弟徐如镜转业到北京交通部科学研究院工作，成了一名科技工作者。他热爱工作，全心钻研业务，很快便成为单位的技术骨干。

　　据徐如人回忆，弟弟从小就聪明过人，无论学习还是工作都特别踏实勤勉，积极钻研。"文化大革命"期间，徐如镜被下放到铁道部印刷厂参加劳动七年。他在劳动实践中不忘钻研业务，在单调的车票印刷流程中发现手工印票、点票工作费时费力，工作效率极低。于是他努力钻研，发明了火车票自动印票机与点票机，并因这一成就获得了1979年全国科学大会奖与全国铁路科学大会奖。1978年他恢复工作后，在交通部科学研究院继续开展研究工作，屡创佳绩，接连取得了一系列国家级科技成果。徐如镜担任过交通部情报所的副所长、总工程师，并曾担任

▲ 徐如镜参加全国政协会议时在人民大会堂
前的留影

▲ 1993年徐如人与弟弟徐如镜在北京参加两会时的
合影

▲ 徐如人夫妇与徐如镜夫妇合影

过第七、第八、第九届全国政协委员，称得上是一位事业上的成功者。退休后，徐如镜一直坚持为发展我国的交通事业而努力探索，他系统整理和编译国外前沿的交通技术发展信息，并提供给领导和有关单位参考。

2013年10月，徐如镜因病在北京去世后，两家人并未因此疏远，尤其是子女间依旧往来密切，亲如一家，延续了他们父辈所建立的这种血浓于水的亲情与真情。

1949年5月，南京、上海、杭州一带均已解放。在华东地区，大学的入学考试首次改为国立大学的统一招生考试制度，而当时的私立大学与教会大学仍保留传统的各校分别招生的制度。考试时间有先后，私立大学与教会大学相对好考一些，因此先举行考试。为了增加考上的把握性，6月，徐如人先在杭州报名并考上了教会办的之江大学；8月，又去上海参加华东地区的统一招生考试，并考取了复旦大学化学系。相比之下，国立大学要比私立大学和教会大学更好一些，所以徐如人选择了复旦大学，成为新中国的第一批大学生。

复旦大学创建于1905年，原名复旦公学，是中国人自主创办的第一所高等院校，创始人为中国近代知名教育家马相伯，首任校董是孙中山。校名"复旦"二字选自《尚书大传·虞夏传》名句"日月光华，旦复旦兮"，意在自强不息，寄托当时中国知

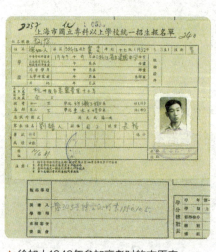

▲ 徐如人1949年参加高考时的志愿表

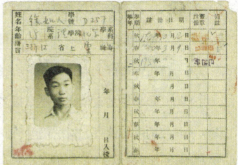

▲ 徐如人在复旦大学的学生证

识分子自主办学、教育强国的希望。1952年全国高等学校院系调整后，复旦大学成为以文理科为基础的综合性大学，1959年成为全国重点大学。

　　大学对一心向学的徐如人来说，是别有文化魅力的天地，更是他汲取科学知识、施展人生抱负的神圣殿堂。徐如人进入复旦大学理学院化学系学习，这也是他第一次比较系统地接触化学的学习与实验课程操作，并从此与化学结下了不解之缘。复旦大学的学习生活，开启了他一生从事化学研究的开端，在变化无穷的化学实验中，他对该学科产生了浓厚的兴趣，感受到了科学的无穷魅力。虽然在后来的工作中历尽艰辛，但他一直倾情化学，初心不改。

　　进入大学以后，徐如人开始为自己的人生作了规划，确定了目标：要在专业学习的领域有所建树，做到"术业有专攻"。由于刚刚经历了家庭的重大变故和社会的重大变革，徐如人经受了血与火的考验，他现在一心想做的就是：尽量忘记情感上的伤痛，重新开始新的生活，埋头于大学的知识海洋里，寻找人生新的兴趣与追求。于是，他静下心来，潜心探索专业知识的奥妙，享受着知识与学习带来的无与伦比的充实与乐趣，不断领悟人生的真谛和科学的奥秘。

　　徐如人在复旦大学上的第一堂化学课是由当时的化学系主任严志弦教授讲授

的《普通化学》。严志弦教授是他进入复旦大学时接触的第一位老师，当时讲课用的教材是由严教授自己精心翻译并出版的德明《普通化学》。在徐如人的印象中，严志弦是一位讲课很好的老师，理论功底深厚，尤其在络合物化学的研究方面见长。由于第一年学校的政治运动不是很多，因此，徐如人比较认真、全面地学完了化学一年级的所有课程，对这门学科产生了浓厚的兴趣，这为他以后从事基础化学的教学和研究工作打下了良好的基础。

▲ 1951年的复旦大学

▲ 大学时期的徐如人

▲ 徐如人在复旦大学时的成绩单

1950年暑期，徐如人听说当时上海交通大学化学系在有机化学与物理化学方面有朱子清、顾翼东等著名教授，在化工方面又有苏元复教授等，

▲ 1950年徐如人转学时的考试登记表

▲ 徐如人1950年的转学证明

通过仔细了解，热爱化学的他感到交通大学的化学专业设置可能更适合自己的专业取向和今后的发展。怀着对这些先生的敬仰和对化学专业的热爱，徐如人决定转学到交通大学。当时转学必须通过严格的考试。徐如人利用暑假的时间，认真复习，经过一番努力，他在暑期开学前通过正规的转学考试插班到了交通大学化学系二年级，直到1952年提前毕业。

当时大学的升学率很低，能考上国立大学的人可谓优中选优。徐如人转到交通大学时所在的班才10多个人，全系学生也不到100人，但这个班后来出了两位院士，可见当时的高等教育称得上真正的精英式教育。

徐如人在交通大学化学系学过朱子清教授与朱振华教授的有机化学，顾翼东

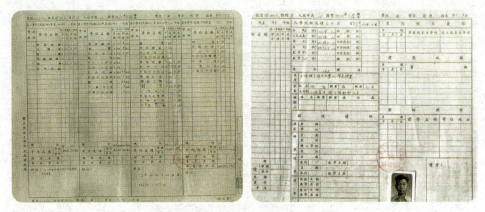

▲ 徐如人在交通大学时的成绩单

教授的物理化学，以及苏元复、王承明、刘复英等著名教授的多门化工与工业化学方向的选修课。通过在交通大学的学习，他有机会接触和了解一些新兴学科的生长点与理工交叉科学，这对他扩大科学视角以及树立创新型科学思想、锻炼科研能力、培养良好的科学素质有很大的促进作用。

第六章
政治热情 清贫自得

徐如人在上海读书的几年，正值上海刚刚解放，政治、经济、文化、生产生活都在发生着剧烈的转变。这期间也是新中国政权一系列政策、变革开始推行实施的阶段，再加上抗美援朝战争的爆发，导致一系列政治运动不断。同学们的政治热情都很高，积极参加各种运动。徐如人在1951年6—7月参加了上海市开展的大规模镇压反革命运动。

当时徐如人被派到治安比较混乱的普陀区公安局做协勤工作，在公安局的领导下直接参与运动。他当时的任务是"外勤"，整天在工人中间和棚户区走街串巷调查有关作案人员的情况，然后写成报告交给办案人员。这项任务大概持续了一两个月，虽然对工作不熟悉且相当辛苦，但使他进一步了解了社会，锻炼了能力，增强了他对国家及社会的责任感和使命感。

1952年，徐如人参与了华东地区高校毕业生首次试行统一分配工作。由于刚刚解放，百业待兴，各行各业的建设需要大量高校毕业人才，国家决定让当时1952届三年级的学生提前毕业，

▲ 复旦师生抗美援朝捐款运动的报道

以适应国家建设对大量高校人才的需要。徐如人就是这批提前毕业学生中的一员。由于华东地区是当时国内高校最集中的地区，加上三、四年级的学生同时毕业，毕业生人数多，毕业分配任务重。因此，当时的华东人事部就从各高校抽调了一些学生去协助毕业生分配工作。

1952年5月，徐如人被抽调到华东人事部华东地区高校毕业学生统一分配委员会协助工作。统一分配委员会将他们安排在上海沧州饭店，在那里集中工作了近五个月的时间，一直到十月初才完成分配任务。

作为新中国的第一代大学生，年轻的学子们正值风华正茂、踌躇满志、有理想、有抱负的时期，在这新旧社会制度剧烈变革更替的年代，国家迫切需要他们到社会的洪流中施展才华，有所作为。徐如人像那个年代所有的青年人一样，响应号召，积极参加各类活动，并在这些活动中培养和锻炼自己，促使自己尽快成长、成熟起来，以能够适应国家发展建设所需。

在徐如人的性格中，有一点是非常难能可贵的，那就是无论是身处逆境，还

▲ 上海解放初期，大学生们高唱革命歌曲的情景

▲ 交通大学1952年毕业生名单

▲ 交通大学1952年统一分配名单

▲ 1952年交通大学化学系三年级同学合影（徐如人因被抽调协助分配工作未参加）

是春风得意，他都会波澜不惊、平淡处之。也许这是儿时生活磨砺所造就的一种韧性吧！

　　徐如人在大学期间，生活虽然清贫，却能以苦为乐，勤学不辍。在学习上有思想，在工作上有能力，在活动上有热情。他对自己要求很严格，毕业后自愿到艰苦的地方去工作，但对同学却很讲情谊，乐于助人，甚至是成人之美。对这一点，他的大学同学沈静兰深有体会。她说："在我们毕业前夕还没有离校的时候，徐如人提前被抽调到华东地区高校应届毕业生统一分配委员会协助工作。当时他负责我们这届学生的具体分配工作。我和我爱人是同一年毕业的，在毕业分配工作上，希望两个人能分在一块。当时分配的时候，我被分配到沈阳，我爱人被分配到南京，徐如人看到了我们写的申请，就跟领导反映了，所以毕业时我和我爱人一起分到了山东大学。"

徐如人的大学阶段虽然只有三年，但他却受教于两所知名大学，师从多位著名的化学家与教育家。其中顾翼东、严志弦、朱子清三位老师是他特别崇敬的，且对他以后的专业能力与学术思想的形成影响很大。

第一位是顾翼东。顾翼东于1903年3月出生在苏州的一个书香门第，1924年赴美国留学，1935年获芝加哥大学化学系博士学位。他回国后长期致力于大学化学的教学与科研工作，曾在多所大学的化学系教授化学课程，甚至教授数学、物理课程，

▲ 顾翼东在指导学生做实验

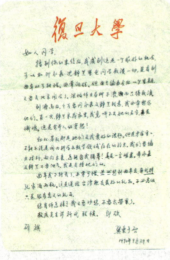

▲ 顾翼东写给徐如人的信

因而顾翼东学术造诣可谓高、广、深，在学科交叉、理论与实践的结合、科学研究思想上的灵活性都堪为后辈学习的榜样。他热爱祖国，严谨治学，直到九秩高龄仍潜心科教事业。

顾翼东是一位知识面极广、化学基础极为深厚的老师。他长期在高校与其他研究单位从事我国重要矿物资源诸如钨矿、铌、钽尾矿以及稀土等矿物中主要成分元素的提取与分离化学的基础与应用研究工作，有很多杰出的建树。

徐如人有幸在交通大学二年级时听他讲授物理和化学。虽然对徐如人来说听起课来有一定难度，常常跟不上顾翼东的思路，但这也是一种难得的学习训练，徐如人受益匪浅。

1952年，徐如人被分配到东北人民大学化学系任助教。1956年暑期到1958年春季，学校派徐如人到复旦大学化学系顾翼东的研究组跟随他学习了近两年的稀有元素化学。这是他第二次直接且比较长时间地受教于顾翼东。这两年间，徐如人在顾翼东的严格指导与培养下，夯实了化学基本功，增长了科研能力，提升了专业素质，为以后几十年的教学与科研工作打下了良好的基础。

此后，徐如人与老师顾翼东的联系从未间断，关系更加亲密。每当徐如人在科研与教学工作中碰到较大问题时，经常向老师顾翼东请教，并得到他的指导与鼓励。1989—1993年，徐如人向老师顾翼东就"科研与创新""《无机合成化学》一书的撰写""成立水热合成开放实验室"与"学术的成长"等方面的问题进行讨教，得到了顾翼东耐心细致的回复。在《无机合成化学》一书的撰写方面，顾翼东与徐如人的书信往来较多，不仅给徐如人提了许多专业性的意见，还做了比较细致的修改。徐如人至今还保存着老师顾翼东当时写给他的近四十封回信。当时，顾翼东已年近九秩，而他的回信都用蝇头小楷写成，既有对他饮食起居等生活上的关心，又有具体的工作指导，同时还有中肯的建议。字里行间体现出顾翼东学识渊博，对

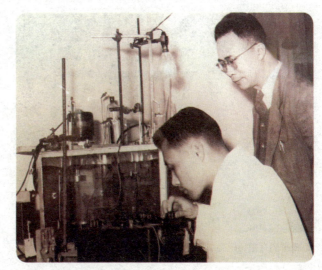

▲ 严志弦在指导学生做实验

专业的熟悉程度及严谨认真的科学态度，但又不乏谦虚委婉、诲人不倦的大师风度。在徐如人的心中，老师顾翼东是他终生难忘的授业恩师，而他与徐如人亦师亦友的真挚情感，对徐如人今后的工作事业产生了重要影响。

　　第二位是严志弦。严志弦虽没有出国留洋的经历，但他凭借自己的努力，成为当时复旦大学化学系主任，且在教学、新学科建设与科学研究上都取得了很好的成绩。徐如人在复旦大学读大一时就受教于严志弦，听过他的普通化学课。严志弦讲课深入浅出，逻辑思维极其清晰，更难得的是乐于与学生交流学术思想，且以自己的治学经验教诲学生，传授学习之道。1952年，全国高等学校院系调整以后，严志弦兼任复旦大学化学系副主任和无机化学教研室主任，主持无机化学课程的教学工作和络合物化学的研究工作。他参加并主持了教育部组织的中国第一部综合大学无机化学统编教材《无机化学教程》的编写工作，并在复旦大学化学系首建络合物化学研究基地，是我国"络合物化学"的主要开拓者与奠基人之一。

　　徐如人始终把严志弦的自学、奋斗、追求与开拓精神作为自己努力学习的

榜样。

第三位是朱子清。他早年留学美国，获博士学位之后又去德国和奥地利进一步深造，是我国著名的天然有机化学家。特别是在贝母植物碱的研究上曾领先国际，他精湛的有机实验技术为国内化学界

▲ 朱子清在指导研究生工作

所称颂。朱子清治学极其严谨、一丝不苟。徐如人有幸在交通大学大二、大三年级时受教于朱子清，在他的教育下，徐如人逐渐懂得化学是一门实验性极强的科学，因而在以后的学习与工作中，极其重视实验方法与技术的开拓与研究。大学三年级时，为培养实验技能，徐如人还专门选修过两个学分的玻璃吹制课程。在徐如人一生的研究工作中，对实验工作的重视与研究始终坚持不懈，且获得与开发了不少新的实验研究成果。朱子清一生积极追求科学真理，他为人正直、襟怀坦荡、刚直不阿，给徐如人留下了深刻印象。20世纪70年代末期，徐如人去探望已调入兰州大学工作的朱子清时，他还是那样满腔正义。80年代中期，朱子清虽已是病魔缠身，但他依然承担着多项研究课题，坚持指导兰州大学的教师与研究生，可谓生命不息、奋斗不止。

以上三位老师，都是徐如人的授业恩师，在徐如人的心目中，他们是自己人生和事业的路标，是里程碑式的人物。

徐如人毕业前一直在华东人事部协助毕业生分配工作，直到十月初才完成分配派遣工作。而徐如人当时也是众多毕业生中的一员，看到同学们都已奔赴祖国各地参加新中国的建设，他内心早已心潮澎湃。此时此刻，是需要他做出人生重要选择的时候了。由于他协助毕业生分配工作，有机会把自己分配到一个条件、待遇和环境都不错的单位去。据他自己讲，那时他完全可以选择留在交通大学，也可以到浙江大学，或是留在上海、杭州等地其他单位工作。但徐如人内心早已定下了自己的去向：到国家建设最需要的地方去，到大东北去，援疆支教，

▲ 学员们踏上北上的列车

在艰苦的环境中锻炼成长。于是，他只身来到了坐落在东北腹地的长春，参与东北人民大学新兴的化学学科的创建工作，这一初衷选择，便成了他终生的事业！以致他扎根东北70年，从未离开。

1952年10月初，徐如人在华东地区高校学生统一分配委员会工作全部结束后，便拿着统一分配委员会给他的工作鉴定和简单的行李登上了北下的列车，抱着支援边疆、建设祖国的满腔热情奔赴东北。透过车窗，山川原野、城镇乡村不时在眼前掠过。时近深秋，田野里还有人们秋收忙碌的身影。车过山海关时，金风劲吹，落叶纷纷，秋山渐疏，大地也开始变得荒凉起来。此时，车厢内的徐如人热情不减，他在脑海里憧憬着今后的工作、奋斗目标和人生理想。

火车行驶两天一夜后，首先抵达沈阳。徐如人下车后，先到位于沈阳的东北地区教育部报到，听候分配。东北教育部按计划将他分配到坐落于吉林省长春市的东北人民大学任教。就这样，10月11日，徐如人又从沈阳乘火车来到了长春。

学校派了一辆马车来接他，由于从上海出来时正值金秋时节，南方天气尚暖，他身上只穿了一件衬衫，外罩毛线背心，下穿一条单裤。初到长春的他一下子就感到十分寒冷，从车站到学校的路上，冻得他浑身发抖，不得已将一条从上海带

▼ 20世纪50年代的长春火车站

来的薄棉被裹在身上御寒，迎来路人一片好奇的目光。这是长春给他的第一个印象——太冷了！

东北人民大学的前身是始建于1946年的东北行政学院，1950年更名为东北人民大学，成为培养财经政法方面专门人才的高等学校。1952年，全国高等学校进行院系调整。为支持边远地区高等教育事业发展，国家高教部从北京大学、清华大学、燕京大学等院校中抽调出一批知名专家、学者前来支

▲ 东北人民大学更改校名大会（摄于1958年）

▲ 郭沫若为吉林大学题写的校名

援东北人民大学建设，并增设了数学、物理、化学等理科专业，加强了学校的办学实力，使东北人民大学由原来财经政法性质的大学变成东北地区第一所综合性大学。时任校长为著名马克思主义历史学家、东北文教委员会副主任吕振羽教授。1958年8月，东北人民大学划归吉林省领导，更名为吉林大学。1960年，国家正式批准吉林大学为全国重点综合性大学。

徐如人1952年来校工作，直接参与了化学系的创建。由于化学系是新建立的教学单位，开创工作千头万绪，一切教学准备都是从零开始，因而10月新生才开始报到，11月才开始上课。当时正值全国提倡"全面向苏联学习"，大学更是首当其冲。当时全国高校进行院系调整，大学的教学计划、教学大纲、课程设置以及

▲ 化学系教师突击学习俄语

教材编制等全部向苏联学习。这样一来，首先要解决的问题是必须组织老师突击学习俄文，否则工作无法开展。在这种形势下，学校和系里决定利用新生上课前这段时间组织所有老师进行一个月的俄文突击学习。

由于徐如人报到得最晚，他到校后刚刚安顿下来，就赶紧跟着全系老师一起突击学习俄文。当时，除来自东北师范大学的两位老师曹锡章和庞文琴外，其他人对俄文是完全陌生的，而"突击学习"需从最基本的字母开始。徐如人来得最晚，更是任务艰巨。为赶进度，他每天必须背诵100个以上俄文单词。就这样，徐如人从对俄文一个字母都不认识开始，到一个月后竟然掌握了3000多个单词，抱着字典基本上能看俄文专业书籍了。后来在教学实践中边学边用，逐渐对苏联综合性大学教学计划、课程设置、教学大纲及教学用书等熟悉起来，并能够学以致用。

经过一个月的俄文学习，徐如人与系里的老师们也基本认识了。他们中有来自燕京大学的蔡镏生教授、来自北京大学的唐敖庆教授、来自东北工学院及上海大同大学的关实之与陶慰孙夫妇，还有伊葆芳副教授（分析化学）、许江津与稽跃武副教授（有机化学），以及唐嗣霖（分析化学）、林富钦（有机化学）、许慧君（有机化学）、卢凤才（有机化学）等讲师。此外，还有与徐如人一起从全国各地分

▲ 1953年暑假化学系年轻教师与实验员到辽宁千山旅游

配来的来自东北师范大学的曹锡章、庞文琴，南京大学的王式正，北京大学的顾念承，燕京大学的张世贤，南开大学的梁玉媛，浙江大学的沈家骢，同济大学的张云妹，燕京大学的孙家钟，金陵大学的童有勇。令徐如人高兴的是，在这些人中竟然碰到了他在杭州建国中学时的老同学——从浙江大学化学系毕业分配来此的沈家骢。

当时，已近50岁的蔡镏生教授任系主任，唐嗣霖任系副主任。化学系还成立了党支部，支部书记由24岁的张嘉志担任，他在负责党务工作的同时还负责化学系办公室的工作，大家都亲切地叫他张干事。另外还有两位蔡镏生教授从燕京大学带来的负责实验室与设备管理以及药品管理的实验技术人员。这些人加起来共26位，这便是东北人民大学化学系建立之初的所有教职人员。

　　从那时起，徐如人便与吉林大学结下了不解之缘，一守就是70年。

1952年10月，化学系第一届新生开始报到，当时共录取了105名新生。由于那时刚解放，教育升学制度还很不完善，学生的文化程度参差不齐，年龄大小不一。在首届招收的这批学生中，正规高中毕业的不多，他们中有社会青年、在岗工作人员、部队转业干部，还有已结婚成家的人员。这批新生报到后被分为甲、乙、丙三个班。

首批新生入学前后，遇到的第一个问题是学生的教学问题。经校、系领导讨论后决定，首届无机化学课程的主讲由唐敖庆教授担任。此外，当时最迫切的工作是无机化学实验课的开设准备，尤其是带实验的老师。经系、教研室研究后，决定由庞文琴、王式正、童有勇、徐如人、沈家骢、梁玉媛六人分别担任甲、乙、丙三个班的实验课。接着，急需解决实验室的场所与最基本的实验设备，当时最大的困难是如何按苏联教学大纲的要求开无机化学实验课。由于实验场地、化学实验药品、实验设备、教材与图书资料等都不具备，这成为阻碍在化学系创业者面前的一道难关。

当时的东北人民大学化学系就如同一张白纸，需要创业者们用勤劳的双手绘就出美丽的画卷。没有实验室，他们就自己动手设计、因陋就简、亲自搭建实验基础设施；没有实验设备，就废物利用、动手制作，以满足基本实验所需……在学校的支持下，由关实之教授亲自指挥，带领当时预备任课的六位年轻教师与学校的工人整理出灰楼后面的地下室作为学生的实验室，但没有实验台、实验设备和煤气管道，甚至连上、下水管道都没有，而这些设施是学生做无机化学实验必须具备的基本条件。

由于开课时间临近，制作安装这些设施一是来不及，二是没有足够资金去采购。当时，教研室安排庞文琴任实验组组长，负责实验准备工作。庞文琴毕业于东北师范大学，与徐如人同一批分配到东北人民大学化学系。她工作认真，办事爽快，雷厉风行。她接受任务后马上发动大家商量对策，开动脑筋，集思广益来解决这一问题。他们因陋就简，用几条较平整的长木板拼起来搭成实验台，然后在实验台的两端引进一根水管，装上水龙头代替上水。没有下水管道，他们就在水龙头下面放一个水桶代替。没有实验用的加热装置，庞文琴到东北师范大学借

▲ 建系之初无机化学教研室全体教职人员合影

▲ 建系之初化学系全体教职人员合影

来一些酒精灯，不足部分，他们就积极想办法，到处捡墨水瓶洗净后装上自制灯芯作为简易的酒精灯。没有实验药品，他们从东北师范大学借来一些学生实验用的药品。就这样东挪西借，废物利用，在极其简易且困难的条件下终于开出了学生的第一堂无机化学实验课。

上实验课时，他们把学生分成15人一组，每班基本分成两组，由两个人带一个班级，徐如人与同期来的助教童有勇合带甲班。虽然实验条件很差，但他们都有一种敝帚自珍的感觉，毕竟是他们亲手建起来的实验室，因此都非常认真地备课、认真带好学生的实验，不敢有丝毫的懈怠。建系之初的化学人，就是在这样的条件下开设并完成了一年级学生的无机化学实验教学。

现在，用木板条搭建实验台，用墨水瓶做酒精灯，用水桶做上下水的时代虽已成为历史，但这作为化学系艰苦创业的真实写照却深深铭刻在几代化学人的心

▲ 建系之初学生用木板条拼成的实验台
　做实验

▲ 建系之初学生用墨水瓶做成的酒精灯做实验

上，并作为一种精神代代传承。现在提及此事，许多化学师生仍耳熟能详。吉林大学化学学院的院徽图标就是采用这些元素设计而成，凝结了化学学院艰苦创业的精神。

　　第二个问题是系内教学秩序与教学机构的建立问题。对于这一问题，学校、化学系主要参照苏联的模式，成立了包括三个专门化（当时苏联教育体制中专业下面的一个分科）在内的四个教研室。三个专门化教研室分别是分析化学教研室、有机化学教研室和物理化学教研室，外加一个讲授无机化学基础课的教研室。唐敖庆教授主讲第一学年的课程，同时兼任无机教研室主任，伊葆芳讲师任分析化学教研室主任，陶慰孙教授任有机化学教研主任。不久，唐敖庆教授改任物理化学教研室主任，由关实之教授接任无机化学教研室主任。

新中国成立初期，在中国大学的化学学科中，东北人民大学化学系创建时间较晚，条件比较落后，但学科起点并不低。在1952年的全国高校院系调整中，国家抽调了一批知名专家、学者来支援东北人民大学的建设，他们中有数学家王湘浩教授、物理学家余瑞璜教授和朱光亚教授、化学家蔡镏生教授和唐敖庆教授等人。他们分

▲ 吉林大学化学学院院徽

别领导创建了东北人民大学数学、物理、化学等学科。其中，化学学科的创建者还有关实之、陶慰孙教授等人，他们早年都就读于国内知名大学，并且有出国留学深造的经历，是新中国成立初期中国科教领域的先行者与带头人。他们思想进步，品行高尚，具有深厚的科研理论功底和教学经验，国际视野开阔，办学理念

▼ 东北人民大学化学系首届毕业生毕业合影

先进，能够站在学科发展的前沿思考问题和开展工作。所以，化学系创建伊始，条件虽差，但教学科研的方式方法、培养人才的理念、开拓创新的精神已经走在了全国的前列。尤其在新中国成立初期，百废待兴，人们建设新中国的热情高涨，科教工作者胸怀报国之志，在处女地上更容易规划宏伟蓝图，东北人民大学的创业者们励精图治、敢为人先，推动着新生的化学系不断向前发展，由小到大、由弱到强。

化学系初入学的学生即可直接受教于名师门下，这使他们所接受的专业基础知识和实验技能培训非同一般。拿入学的第一课来说，当时的无机化学大班课就是由唐敖庆教授亲自主讲。

1952年，正值中青年的唐敖庆可谓年富力强，他学术水平高，教学科研经验丰富，在北京大学时就给化学一年级学生讲授普通化学课。他根据当时苏联教学大纲的要求，精心构思了以周期系为纲，辅之以基本的结构化学知识，按族的特点给学生系统讲授元素的无机化学课程。唐敖庆的功底深厚，课也讲

▲ 唐敖庆教授在上课

▲ 唐敖庆教授在指导青年教师

得很精彩。即便如此，他在讲课前还要进行试讲，让大家提意见，谈感受，以做到万无一失。

唐敖庆讲课很有特点，他从不拿教案，只凭一张嘴、几根粉笔，然而逻辑思想却非常严密，整个课程所涉及的各种数据、分子式、方程式、元素符号等都准确无误。据说，他的这一讲课习惯与他的视力有关。唐敖庆年轻时就高度近视，上课根本看不清黑板，他硬是靠记忆背下了老师的每一次讲课内容，逐渐形成习惯，练就了超凡的记忆能力。另外，他知识丰富，思路清晰，不仅能将复杂的化学问题讲得通俗易懂，还能旁征博引，丰富学生的知识面。所以，学生们都非常愿意听唐敖庆的课。他的授课方式也被大家公认为教学模板。

系主任蔡镏生是一位教学经验十分丰富的教授，他听了唐敖庆的课后，十分感慨地对系里的老师们说："基础课能讲到这种程度，真不容易，有学问！"从那时起，唐氏讲课模式在吉林大学化学系被传承沿用至今。

徐如人是唐氏教育教学理论的传承者之一。他在复旦大学化学系及上海交通大学化学系读书时没有专门的无机化学课程，大一学的是英美教学体系中的普通化学，因而他对无机化学从未听过，当然更没有一个系统的概念。由于当时还没有无机化学教材，因此他在第一学期在带实验课的同时还承担过一段与唐嗣霖老师合作编写讲义的工作。在听过唐敖庆的课后，他如醍醐灌顶，对整个基础无机化学有了一个比较系统、全新的认识，这对他后来从事无机化学的教学和科研工作起到了良好的引导和示范作用。

1953年春，第二学期开学伊始，教研室决定从暑期开始让徐如人为物理系一年级大班学生讲授普通化学，时间一年。为完成讲课任务，徐如人不再承担无机化学实验课工作，转做关实之教授的助教。当时关实之教授为物理系学生讲授普通化学，徐如人协助做课下辅导工作，同时在关教授的指导下，为下学期给物理系一年级新生上课做准备。就这样，徐如人在关实之教授的精心指导下从安排讲课内容，到初拟教学大纲；从熟悉讲课环节，到开始进行详细的备课工作；努力熟悉、掌握课程的所有内容。一个学期下来，徐如人基本做好了上课的所有准备工作。

当时的物理系主任是余瑞璜教授。余教授是著名的物理学家，早年毕业于国立东南大学（南京大学前身），20世纪30年代赴英国留学，回国后任清华大学物理系教授。1952年，他与唐敖庆等人同批被派到东北人民大学工作，是物理系的主要创始人之一。他很重视物理系学生对化学基础课的学习，所以建系之初就要求物理系一年级学生学习一年的普通化学。这项任务对徐如人来说比较艰巨，也是一个考验，因为这是他走向三尺讲台的开始，也是对他能否胜任课堂教学能力的考量，他必须竭尽全力开好这个头。

然而，物理系并没有为本系学生开设普通化学相应的苏联教学大纲，化学系也没有，这让徐如人感到更加困难。巧妇难为无米之炊，更何况对于没有什么讲课经验的徐如人来说，整个课程都需要自己设计，又没有现成的教材可用，怎么办？好在，他找到了两本可用的参考书，一本是由哈尔滨工业大学与大连工学院（今大连理工大学）等有关老师翻译出版的苏联化学家格林卡著的《普通化学》，另一本是涅克拉索夫著的《普通化学教程》。他如获至宝，认真阅读了两本书的内容，仔细体会这两本书的特点并参考唐敖庆教授的讲课体系，认真编写了一份教学大纲和实验课大纲。

功夫不负苦心人，暑期开学，物理系新生的普通化学如期开课。作为一名年轻的助教，能够走上三尺讲台为学生授课，是成为人师、传道授业的一个最基本的方式，也是最神圣的职责。对此，徐如人不敢有丝毫的懈怠，面对讲台下上百双渴求知识的目光，徐如人既感到激动和紧张，又感到光荣与自信。在他的精心准备下，课讲得很成功，得到了学生的热烈反响。三尺讲台，奠定了徐如人的工作之基，也成就了他教书育人的终生事业。

据徐如人回忆，第一次上课，面对的是150多人的大课堂，开始的确有点怯场，后

▲ 余瑞璜教授工作时的照片（摄于1952年）

来慢慢就好了。由于他的年龄与学生差不太多，有的学生甚至比他还大，因此与学生沟通起来比较容易，相处得也很融洽。当时学生中有一部分工农兵学员，因文化课基础较差，学校强调要重视学习困难的学生，特别是对工农兵学生要给予"重点辅导"，使他们不掉队。这实际上增加了讲课的难度，一堂课，讲快了、深了，基础差的学生跟不上。讲慢了、浅了，又达不到教学大纲的要求，优秀的学生也得不到应有的提高。为解决这一问题，徐如人采取课上正常讲解，课后个别辅导的方法，兼顾了学生良莠不齐的学习进度，但这也耗费了他大量的业余时间，对此，他从无怨言。

在讲课的同时，徐如人还承担着学生的普通化学实验任务。就这样在备课、讲课与带实验的同时还要给后进的同学辅导、补课，徐如人整天忙碌在学生中间，累并快乐着。他的敬业与亲和也使得师生间的交往、友谊更进一步，很多学生愿意和他交往，向他请教问题。直到现在，物理系前几届的毕业生们与他仍感情深厚，还时有联系。

▲ 2012年徐如人与物理系1953届学生合影

　　第一年的教学任务就是在这种情况下完成的。接着他为物理系学生又连续讲授了两年普通化学。通过这三年的教学工作实践，徐如人的教学水平有了较大提高，对化学及无机化学专业的认识有了长足的进步，同时积累了一些经验，掌握了一些行之有效的教学方法，为以后的化学教学工作打下了坚实基础。

　　1955年夏，高等教育部在南开大学组织召开了一次制定综合性大学普通化学教学大纲的会议。当时参会的有北京大学的黄竹坡、南开大学的马维等人，徐如人由于有三年从事普通化学教学的经验，也应邀参加了此次会议。为了开好这次会，徐如人临行前多次向物理系老师征求意见，收集议案，得到了当时管教学的物理系副主任朱光亚教授的大力支持，对他编制的教学大纲提出了中肯意见。这让徐如人参会时得以有的放矢，有针对性地发表自己的意见和建议。与会的教学专家们不禁对这位年轻讲师刮目相看。这可以算是徐如人执教之初为全国综合性大学普通化学教学大纲的制定贡献了一点自己的经验与智慧。

如果说大学期间，徐如人遇到了顾翼东这样的好老师，为他指引了后来的人生道路。那么，他来到吉林大学，关实之教授就是他事业的领路人，30多年的合作使他们结下了深厚的师生情和同事情。在关实之身上徐如人学到了干事创业、教书育人、高尚师德师风等许多优良的品质，为他在吉林大学的成长、进步奠定了坚实的基础。

关实之，无机化学家和教育家。1912年考入北京师范学校。1919年赴日本留学，1928年毕业于日本京都帝国大学化学系并留校工作。其间有幸与当时京都大学首届5名博士中唯一的中国女博士陶慰孙相识，一见钟情，结为伉俪。1931年回国后任上海暨南大学教授，大同大学教授、化工系主任与工学院院长。1950年夏，关实之教授响应国家支援建设东北的号召，毅然放弃了在上海的舒适生活，与爱人陶慰孙一起来到东北工学院任教，主讲无机化学和物理化学。他当时编写的物理化学讲义，曾是当时东北地区最有影响的教材之一。1952年全国高校院系调整期间，他再次服从国家的安排，从沈阳来到长春，热情地投身到东北人民大学化学系的开创工作中。

徐如人也同期来到了东北人民大学，参与化学系的建设，与关实之成为良师益友。1953—1955年，徐如人除了给物理系

▲ 关实之教授在指导青年教师（左三为关实之，右二为徐如人）

学生讲授普通化学及带实验工作外，还在关实之的带领下，与其他几位年轻老师一道参与设计、筹建理化实验大楼，主要用于物理、化学等理科专业教学、科研所需。

　　这是一件十分重要的工作，对于一群在地下室改造成的实验室里工作了多年的老师们来说，不久就会搬到一座高大、宽敞、明亮的大楼里面工作、学习将是一件多么渴求的事！

　　1953年，受学校的委托，关实之作为主要顾问参与实验大楼的框架设计工作。他提出"百年大计"的建设思想，根据化学实验楼的特点，提出了原则性和建设性的意见。他的建设思想得到了时任校长匡亚明的充分肯定，并在全校会议上再三强调"建设社会主义大学的教学楼就应该是'百年大计'，要予以全力支持"。

　　徐如人能够参与这项工作，既光荣又艰巨。当时，在学校基建部门的组织领导下，徐如人跟随关实之等人根据化学实验的特点、教学科研的需求以及化学未

来的发展等方面做了充分的
思考，并在老师、学生当中
进行了走访调研，精心构思、
实地测量、伏案描绘……经
过一年多的努力，终于拿出
了一份内容非常完备、详细
和精准的设计方案。方案中
包括化学系教学、科研以及
办公等各类用房的数量和面
积，实验中所需燃气与氧气

▲ 理化实验大楼施工时的情景

管道、上下水管道、排风管道的走向与分布，实验台与通风柜的位置摆放以及防
火设施与安全疏散通道的设计等。关实之曾长期在上海大同大学、暨南大学等高
校当过系主任与校务委员会主任等职务，在实验室建设与管理方面有很多好的经
验和做法，堪称专家。所以，他们的设计方案得到了基建部门的充分认可，在施
工中被大部分使用或参考使用。

　　在他们与学校基建部门的共同努力下，工程以惊人的速度向前推进。历经一
年多的建设，1956年秋，一座当时全国综合性大学中建筑面积最大的化学科研教
学楼拔地而起。其中，化学实验室部分占1.33万平方米。当年建成的是大楼中间
的主体部分，包括中间的大厅、阶梯教室与图书室和东部化学系的用房，西部物
理系用房于1960年落成。该楼总体框架为六层，中间部分为九层，有200多间实
验室。理化实验大楼的落成是化学系建系工作中的一件大事，也是东北人民大学
建设中的一件大事，为理化学科的发展奠定了重要的物质基础和条件支撑，在学
校发展史上具有里程碑的作用。

关实之知人善用、因材施教、甘为人梯，想方设法让自己的学生和助手在业务上超越自己，这是非常难能可贵的品质。建系初期，他在人才培养方面，以少有的远见卓识，创造一切条件让青年教师到校外进修，使这些人迅速成长为能挑重担的骨干力量。

在徐如人的印象中，关实之不仅是他从事高校教学、科研工作的启蒙老师，更是人才成长的全程设计师。他对年轻教师的培养和任用一向高瞻远瞩，在当时他就特别重视"教学必须与科学研究同时抓"的培养方针。因此，1955年，当化学系的教学工作稳定后，关实之要求徐如人等人在做好教学工作的同时必须开始从事研究工作。这在当时是非常困难的一步，特别是对无机化学教研室而言，一方面教学任务重，另一方面由于师资力量比较薄弱，设备落后，在当时是系内唯一缓建专门化且没有承担大学生毕业论文任务的专业。在这种情况下，为加强此方面的工作，关实之煞费苦心地从其他科室借来三名毕业生，要求徐如人等几位年轻助教协助他指导学生的毕业论文。借此机会，关实之开始不失时机地对他们进行全面的科学研究训练，包括对科学研究的认识、研究方法的摸索、锻炼基本

▼ 建成后的理化实验大楼

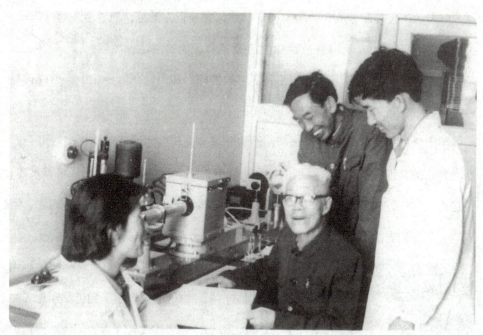

▲ 关实之教授与青年教师们探讨工作

的科研实践能力等。

　　这些工作，对徐如人这样大学提前毕业又从未接触过科研工作的人来说确实十分重要，虽然做起来困难重重，但也激起了他的科研兴趣。关实之对徐如人的严格要求与认真指导，再加上他自己的加倍努力，使他从工作伊始就走上了教学与科研并重的道路。在关实之的指导下，徐如人不仅出色协助他完成了对学生毕业论文的指导工作，还在实验中摸索和总结了一些研究思路和实验方法，完成了他的第一篇学术论文《镍－铬合金中锰的快速测定》，发表在《东北人民大学自然科学学报》上。这一成果让徐如人在科研的道路上迈出了一小步，但这一小步对他来讲却是一个良好的开端，以此为起点，他在科学研究的道路上越走越宽，最终把一个学科领域推向了一个新的高峰。

师者，不仅要学为人师，传道授业解惑，更要行为世范，教导学生德洁行端。关实之不仅是徐如人从事科教事业的启蒙老师，他的豁达、宽容、真诚、敬业、爱国、一心为公的品格始终是徐如人学习的榜样，并为他在以后几十年的成长与发展道路上起到了重要的指导与激励作用。

关实之作为化学系的创建元老，他的办学理念与人才培养观念代表着那个时期教育家的共识，他们具有强烈的社会责任感，那个时期太需要他们多培养人才、快培养人才、培养好人才，以服务国家发展建设所需。为此，他们是活到老、学到老、工作到老的一代，生命不息，工作不止，直至蜡炬成灰、春蚕丝尽。

▲ 1932年2月，关实之、陶慰孙夫妇合影

现在吉林大学化学学院读书的年轻学子们仍然怀念关实之教授，因为他们还能得到关实之夫妇的荫庇，这源于"关陶"奖学金。1982年12月，陶慰孙教授去世，第二年关实之将夫妇二人一生的积蓄2.4万元无私地捐献给学校。在20世纪80年代初，一个普通大学老师的月工资不过百元，2.4万元称得上是一笔巨资。经学校研究决定，在化学系及后来成立的分子生物系设立"关实之、陶慰孙奖学基金"，用于奖励化学、生物等专业品行兼优的学子，以纪念关、陶二位教授为教育事业所做出的贡献。

1990年1月3日，关实之在长春病逝，他生前立下遗嘱，"丧事一切从简，不开追悼会"。按照他的遗嘱，1月10日，学校及化学系有关人员及关实之的家属将

▲ 1982年，在关实之教授执教52年之际，化学系师生献给他的"功高振铎"牌匾

二老的骨灰撒入松花江，"以纪念吉林父老三十多年来抚育之德"。

关实之的品行潜移默化地影响了徐如人，这为其以后终身致力于吉林大学化学的教学、科研工作，并倾其所有捐资助学起到了重要影响。

化学系建立初期，蔡镏生、唐敖庆等人就一直强调且非常重视对年轻助教的培养。像唐敖庆教授，在刚结束无机化学的讲课后，1954—1955年又亲自为青年教师讲授了一个学期的高等物理化学，对青年教师提高现代化学的基础认识与理解起到了重要作用。化学系还把对年轻教师的培养与教学、科研工作共同列为建系的三大重点任务。为进一步提高青年教师的业务水平，适应教学的需要，从1956年开始，在蔡镏生、唐敖庆、关实之、陶慰孙等老师的积极推动与建议下，经学校批准，分批安排系内所有年轻助教到国内相关高校与科研院所进行了为期两年的进修。这是一个非常重要且正确的决定，这一决定对徐如人他们这些提前毕业又马上承担繁重教学任务的年轻老师来说是一次加油充电的好机会，这为他们日后能够作为主力承担化学系的教学与科研工作，以及为化学学科今后的进一步发展奠定了坚实的人才与专业基础。这次进修有一个明确的目的，即每个进修人员都是带着下一阶段的工作任务诸如负责讲某一门课、从事某一领域的科学研究工作等为导向来设计的。此外，这次进修也体现了向苏联学习的用意，进修教师基本都被派往当时国内有苏联专家的高校和科研院所。

1956年暑期，关实之决定让徐如人接替他承担专门化课

▲ 20世纪50年代，苏联专家巴格耶夫良斯基在复旦大学讲课时的照片

程——稀有元素化学的教学任务。带着这一任务，徐如人被派到复旦大学化学系跟随顾翼东教授学习稀有元素化学，为期两年。同时听在复旦大学化学系工作的苏联专家巴格耶夫良斯基的物化分析专题课程。

徐如人在上海交通大学读书期间，曾受教于顾翼东教授，学习物理化学。顾翼东是一位化学理论功底深厚、专业面广、学术水平极高的化学家。1952年，在全国高校院系调整中，顾翼东从交通大学调入复旦大学化学系任教，与严志弦一起负责筹建复旦大学无机化学专业，且在国内率先开展稀有元素化学的科研和教学工作。徐如人带着将来在吉林大学开展稀有元素的科教任务到复旦大学进修，再次拜师于顾翼东名下。徐如人下决心一定要利用这次进修的机会，学到真本领，掌握真才学，以更好地运用到今后的教学、科研实践中。

顾先生对徐如人的这次进修也十分重视，在教学与科研方面都做了详细的安排。顾翼东首先要他看一本当时很有名的德国人编著的无机化学方面的书——《无机化学论》。顾翼东认为要认识和掌握一门学科，系统地从头到尾看一本高水平的专业著作是非常必要的，这样才能了解该学科的体系与特点，以后再看其他书或有关资料时才会有比较。在顾翼东的指导下，徐如人一边开始研究工作，同时去听苏联专家巴格耶夫良斯基的物化分析专题课，一边抽时间来研读这本专业书籍。

在复旦大学进修期间，徐如人把自己的学习计划安排得非常满，白天上课、做实验，晚上经常挑灯夜读。他认真系统地看完了顾翼东介绍的这两本书，并取得了很大的收获。接着，他又开始看另一本很有名的书《相律及其应用》（第九版）[*The Phase Rule and It's Applications* (9th Ed.)]。通过阅读

▲ 1956—1958年，徐如人（后排左一）在复旦大学进修时与顾翼东（前排中）等人合影

这些书，徐如人不但了解了相关科学知识，拓宽了知识面，而且学会了系统读书。

上课、读书之余，徐如人就跟随顾翼东做实验，开展科研工作。顾翼东不仅学识渊博，也特别擅长将理论与实验结合起来。从20世纪40年代起他就开始从事我国丰产稀有元素矿物资源的研究工作。前期开展对钨、铌、钽等稀有元素化学的研究，后期开始对稀土矿物等资源中的高价值成分的提取、分离与应用的系统研究，并卓有建树。顾翼东所做的研究，许多是从解决国计民生的角度出发。他曾对徐如人谈起过这样一件事：在20世纪中期中国是世界上钨储量最高的国家，然而几十年后，国内灯泡中的钨丝尚需进口，这说明我们的科技水平与国外的差距很大。这就是促使他当时开始研究钨、铌、钽等稀有元素化学的原因。此外，顾翼东很早就考虑到我国丰产稀土资源的分离与应用问题，所以他从20世纪50年代中期就开始系统研究我国丰产的稀有元素的提取、分离与应用。在这方面，他发挥了知识面广、无机、有机与理论化学兼通的特长，全盘、系统地考虑了稀有元素的分离与提取问题。

当时，顾翼东指导他们从事以我国丰产的稀土元素为对象进行研究，并要求这些进修老师与研究生广泛地使用从最经典的分级沉淀、分级结晶方法来开展在独居石中稀土的提取、分离以及钍的分离提取实验，接着应用液—液溶剂萃取方法，以及当时比较新的离子交换等方法进行高效分离实验，并且进行了系统的比较与总结。这当时在国内是比较前沿的实验方法，也是非常难能可贵的。

在徐如人的印象中，当时国家已考虑到我国有不少丰产且具有广泛应用前景的稀有元素矿物资源，如何立足国情做出中国自己的特色，并将它们利用起来，则需要一批具有广博知识基础的骨干人才。由于顾翼东在此方面有独特专长，因而1958年教育部就委托顾翼东举办了以"稀有元素化学"为主要研究内容的全国性的学术讨论班。通过这种培训和研讨形式，培养了众多高校的骨干教师，为我国稀有元素化学的发展应用及人才培养做出了重要贡献。

在顾翼东学术思想的影响下，徐如人的科学思维得到了很大的启发和拓展，

▲ 徐如人（后排左一）及大学同学与顾翼东（前排中间）、徐光宪（后排左三）在复旦大学合影

他认识到无论基础研究还是应用研究都应着眼于国家需要，立足国情，做到理论联系实际。他通过学习顾翼东在钨、铌、钽等稀有元素方面的研究经验，了解和掌握了不少与稀有元素化学有关的资料。在这种思想的指导下，他脑海中构思出一个设想，就是以我国丰产的钼和钒为研究对象，系统研究它们的提取与分离，也许会有

▲ 徐如人在参加中国化学会理事会期间与顾翼东和夏炎教授合影

一些新的发现。他把这个想法向顾翼东做了汇报，得到了他的认可。顾翼东对他说，你要研究钼和钒，首先要充分了解它们的性质以及目前该领域的研究进展情况，才能更好地设计实验，找到正确的方法。顾翼东让他先系统查阅钼与钒多酸方向的文献，并要求他在从事实验研究前需要做一个文献报告。

通过查阅文献，徐如人发现法国科学家在这个领域开展的研究最多，用法文发表在 *Compte Rendu* 或 *Bull. Soc. Chimique de la France* 等期刊上的文献较多。然而困难来了，徐如人对法文一窍不通，想开展此方面的研究就必须跨越语言的障碍，但当时的情况是一无法语教师，二无法语教材，虽然他决心很大，热情很高，但面对诸多法语文献竟不知道何从下手。当时还有两位复旦大学化学系的年轻老师也想学习法语，于是，他们通过上海的朋友，从徐家汇花高价请来一位擅长法

语的天主教传教士，辅导他们学习法语。

法国传教士每周到复旦大学给徐如人等人上2～3次课，传教士讲得认真，徐如人他们学得努力，因此学习效率很高。通过半年多的学习，徐如人借助《法华字典》与《法英科学字典》基本能看懂相关的文献了，初步了解了国际上关于钼与钒等方面的研究水平和进展情况。这样他的研究工作开始进入正常状态。

爱因斯坦说过："兴趣是最好的老师。"徐如人到复旦大学进修，是带着学校的任务而来，为完成任务，他虚心求教、勤于实验、攻坚克难；为了多学知识，他废寝忘食、埋头苦读、只争朝夕，体现了一个年轻知识分子的进取与担当。这些工作和学习虽苦虽累，但他却不以为然，这也许就是兴趣使然。

通过参考文献，徐如人设计好了实验路径，他选择黄钼酸和晶态很好的1:3钒酸铵为合成对象开展研究。经过一年多的努力，做了无数次的实验，取得了较好的成果。他把这些成果进行了归纳总结，发表了两篇论文：《黄色钼酸的沉淀条件及其脱水温度》和《1:3多钒酸铵的制备及应用》。该研究成果很快就被编入德国著名的《盖墨林无机化学手册》一书。实践证明，徐如人的实验设计是正确的。

▲ 1958年徐如人在复旦大学进修时发表的论文

▲ 顾翼东写给徐如人的部分书信（1989—1995年共写了35封）

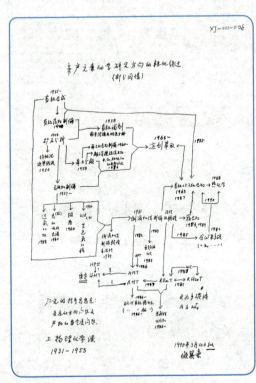

▲ 顾翼东指导徐如人画的图表

通过这项实验，他的科研能力和科研素质得到了进一步锻炼和提升，为以后独立开展科研工作奠定了基础。

进修期间，徐如人所表现出来的勤奋与刻苦，以及他在化学科研工作中所表现出来的悟性与思想，深得顾翼东的赏识。在顾翼东眼里，徐如人是一个有科研潜力、将来能够做出一番事业的青年才俊。因此，他对徐如人更是关爱有加，两人之间建立了深厚的师生情谊与合作关系。以至于在徐如人离开复旦大学后的30多年里，他们之间一直保持着密切的工作与个人友情上的交往，徐如人有问题就向老师请教，老师也毫无保留地予以热心指导。他们的交往程度，从他们相互往来的几十封书信中就可寻到答案。

顾翼东做事严谨、认真程度是不打折扣的。他言既出、行必果，待人真诚，实事求是，干事执着，目标坚定。这些优良秉性也传递给了学生。如今，在徐如人的身上，亦能感受到顾翼东的风范，做什么事情，只要计划好了，就要克服一切困难做到底。

1990年3月，已近90岁高龄的顾翼东将他在"丰产元素化学研究方向的转化过程"的研究思路以画图总结的方式寄给徐如人，对他进行业务指导。图片中线条冗密，步骤繁多，但字迹工整，思路清晰，字里行间足见顾翼东严谨、认真、负责之态度，亦见他关爱后学、诲人不倦、热爱科学之匠心。顾翼东的品行及为师之道，给徐如人留下了深刻的印象，对他以后教书育人、埋头科研、兴业立事起到了良好的引领和示范作用。

1958—1960年，全国上下开展了轰轰烈烈的"大跃进"运动，受其影响，学校既定的教学计划发生了较大的改变，要按照"大跃进"的指导思想进行全面教学革命，发动群众力量，大搞产、学、研结合。

为顺应"大跃进"的潮流，吉林大学及化学系开始尝试开展一系列非常规性的活动，如开办校办工厂，创办与工业应用相结合的学科体系等。以积极的产、学、研相结合的办学模式来适应超英赶美的"大跃进"形势。

在"大跃进"期间的一系列活动中，比较典型的就是"教改一条龙"。由于全面向苏联学习的教学模式遭到了批判，1960年开始，关于教学改革应该如何做，全系围绕办学方针、人员的组织、教学体系、课程设置与内容等进行了一段时间的大讨论，最后决定将原有的无机、有机、分析、物化与高分子五个教研室改组成以任务为主的七个教研室，如将主要以基础课程教学为主的设为第一教研室，以特殊科研任务为主的设为第七教研室等，并将所有老师按所承担的教学、科研工作的不同分到相关教研室。接着将原教学体制中以四大基础课为主的基础课教学体制改成以两个"一条龙"与高等理论化学为主的体制。所谓两个"一条龙"，即将原来无机、分析与物化的部分基础内容组成以无机化学为主的"一条龙",以有机化学为主的有关课程再组成"一条龙"。徐如人当时被调整到第一教研室,并担任现代化学基础(以无机为主的"一条龙")课程的主讲与负责人。承担此任务后,徐如人进行了比较认真、细致且大胆的课程设计,并在充分考虑与听取大家意见的基础上,提出了以无机化学中的五类反应为纲,即沉淀与溶解反应、中和与水解反应、氧化与还原反应、配位络合反应与复分解反应,结合分析化学与物理化学的基础内容组成当时现代化学基础课的主要内容。按当时课程计划,完成"一条龙"的讲课周期为三个学期。

为了保证这次教学改革中新课程开设的质量,徐如人请来关实之和曹锡章帮助编写讲义,杜尧国担任课下辅导与实验组长,又从分析教研室和物化教研室请来教学功底好的老师来配课,可以说从讲义编写到课堂授课,从课堂授课到实验室操作这些环节中,承担教学任务的师资力量还是很强的。从决定试行"一条龙"教改模式开始,徐如人就开始全力以赴地思考、组织新课程内容,以及如何使几个专业的内容有机结合在一起、如何达到预期的教学效果等问题。虽然他对新课体系抱有很高的热情,但问题也接踵而至。由于他对无机化学、分析化学与物理化学的部分内容并不熟悉,为了弄懂这些内容,编写出合适的教案,上好"一条龙"课程,他日夜加班,经常与其他专业的老师进行探讨、请教及试讲等,辛苦自不必说。再加上"大跃进"期间又遭遇三年的自然灾害,天灾加人祸造成的双重困难,常常使他们吃饱饭都困难,人们的健康状况普遍下降,工作强度大为缩减。可是,徐如人还一如既往地勤奋工作。有时为了不中断工作,中午经常不回家,吃饭时就把早上从家里带来的玉米面饼子在石棉网上烘烤一下,就着一杯白开水凑合一下就算一顿中午饭。由于过度劳累,再加上营养不足,徐如人患上了严重的胃溃疡。但受课改任务所迫,他无暇修养,只好忍着病痛坚持。就这样,徐如人和参与课程的其他老师硬是咬牙坚持了三个学期"一条龙"的教学工作,总算在

▲ 2015年7月，化学系60级现代化学基础"一条龙"的学生毕业五十周年合影（第二排左四为徐如人）

大家的共同努力下完成了这次试验性的课程改革任务。

轰轰烈烈的"大跃进"运动就像一场暴风骤雨，来也匆匆，去也匆匆。

1962—1965年，在关实之和徐如人的组织下，化学系无机教研室开始对今后教学工作如何调整、课程如何设置等问题做了一些讨论和尝试。例如，组织全教研室对教学内容上"三基"（基本事实、基础规律与基础实验）的讨论以及1965年试行了一年的无机化学基础课小班上课试验等。他们做这些尝试的目的是希望对"大跃进"思潮影响下的教学改革进行回头看，然后再进行总结与改进，使教学工作回到一个切合实际的轨道上来。通过他们的积极探索和尝试，小班课教学收到了较好的效果。

他们的做法是把一个年级分成7个小班，每班派一名老师上课。这样做的目的是：一来希望通过小班讲课带动课堂上师生的互动，有利于学生主动参与教学活动；二来可以让年轻教师在老教师的带动下有登台讲课实践锻炼的机会，从而激发与提高

▲ 刘学铭与徐如人交流工作（摄于2016年）

年轻教师的讲课水平与师生间的教学互动意识。当时，这批人中有1960年刚从北京大学、吉林大学、山东大学等学校毕业的年轻教师刘学铭、屠昆岗、刘举正、李德会和韩淑云等人，他们在教学经验丰富的曹锡章和杜尧国两位教师的带领和指导下登台讲课。这一做法对培养教师的讲课与教学能力有很大的促进作用，在教师群体中形成了一个热爱教学、钻研教学内容、注重课堂教学效果的优良传统，这一传统一直延续至今。

小班课教学收效不错，年轻教师经历了2～3次循环的教学实践，教学经验逐渐丰富，基本上都可以独立承担一门讲课任务。

据当时参加小班课试点的刘学铭老师回忆："徐老师对我的栽培和影响是非常大的。如果把我登台讲课比作演员临场演戏的话，那么，徐老师就是我后台的编剧兼导演。早在1965年，从当年入学的新生中选出一个班，徐老师和我共同组织了一个名为'搞好一台样板课'的教学改革试验。试验重点就是理论与实践相结

合，把演示实验引进课堂，充分展示形象教学的魅力。徐老师亲自动手，为我编写授课教材和实验讲义。最令人感动的是，我每堂课徐老师都坐在台下听课，从始至终，一直临场指导，有事不能来时，像缺课学生似的，事前同我打招呼。此外，他还亲自辅导试验班的实验课，这就说，徐老师作为老师，却屈尊给学生助课。他这种甘为人梯、培养后学的做法，是非常难能可贵的。正是有了徐老师那时对我的训练，才使我敢登台、能登台，并且站住讲台，也为我后来能够主讲无机化学大课奠定了基础。"

徐如人在工作上取得了很大进步，虽说少不了领导的关怀指导和老师们的支持配合，但更离不开一位始终默默支持他、关心他、爱护他的女同事的支持与帮助，她就是徐如人的妻子、与他同期留在化学系工作的助教庞文琴。

庞文琴于1932年1月28日出生在长春市的一个中医家庭，家中有一姊一妹和两个弟弟，她排行老二。由于父亲行医，家境还算较好，因此她从小受到了良好的教育。她善良正直、举止端庄、聪颖贤惠。新中国成立前的长春，尚处在日本人占领下的伪满洲国时期，东北的教育比较落后，那时普通人家的孩子能念起书的不多，受传统观念的影响，女孩子上学的就更少。

庞文琴虽为女孩，但她生性有一种好强的精神，她不认为女孩子比男孩子差，男孩子能做的事情，女孩子也能做。她热爱读书，聪颖好学，在学校里成绩总是名列前茅，教书先生对这个勤奋好学、聪明伶俐的女孩子也颇为赞赏。对于她的好学上进，父

▲ 刚参加工作时的庞文琴

▲ 庞文琴与其家人的合影（前排右一为庞文琴）

母也不好打消她的积极性，便任由她去学了。

1949年7月，当时的东北大学（东北师范大学前身）由吉林市整体迁入长春市，当年恰逢庞文琴参加高考，她就报考了东北大学化学系，并被顺利录取，成为新中国第一代女大学生。

庞文琴就读的东北大学与当时的东北人民大学一样，都是在中国共产党的领导下建立的，是吉林省两所著名的大学，称得上是姊妹校。1950年4月，根据国家教育事业发展的需要，东北大学改名为东北师范大学，隶属教育部，成为我国最有影响和最具发展实力的师范大学之一。

徐如人与庞文琴都是在1952年分别由上海交通大学与东北师范大学提前毕业后分配到当时的东北人民大学一起参加了化学系的创建工作的。从一开始，他们被分配到无机化学教研室，承担各自的工作。他们两人当时都是20岁左右的年纪，都是志愿服从分配来到化学系工作的，可谓天南地北，为了一个共同的革命目标走到一起来。他们在工作中相识相知，互帮互助，志同道合。他们一起参加了艰苦的建系工作，从突击学习俄文开始到编撰教学大纲，从建设无机化学基础实验室到为学生带实验、上课，一直打拼在一起。庞文琴当时是无机化学实验组的组长，徐如人在第一学期就带学生无机化学实验，这为他们提供了近距离交流的机会。三年的工作，他们俩已经很熟了，彼此产生了好感，但这种感情暂时还埋在心里。

1955年，根据系里的安排，庞文琴去北京大学进修，跟随苏联专家学习物理化学分析，直到1957年返回学校。而徐如人于1956年去复旦大学进修，跟随顾翼东学习稀有元素化学，直到1958年春季返校。这期间，他们分开了三年，进修结束后又回到了同一个教研室工作。回来后，由于彼此内心的惦记与牵挂，使得他们的交往更加密切，工作上更加努力，相互之间也更加亲近。这样，又经过了近两年的工作与相处，他们俩已相互了解得很深。庞文琴对徐如人复杂的家庭背景、父母情况、社会关系不仅没抱有任何成见，反而对他多了一些同情与理解，体贴与关爱。为此，徐如人十分感激。

几年的交往，徐如人对这位端庄清秀、聪明能干的青年女教师心仪已久；庞文琴也对徐如人吃苦耐劳、积极进取、勇挑重担的事业心感到敬佩。这样，在多年的共事与交往中，对彼此的信任与依赖、心仪与仰慕之情日益剧增，最终成为人生知己。

1960年1月11日，徐如人与庞文琴在长春举行了简单的婚礼。在接下来半个多世纪的岁月里，他们风雨同舟、患难与共、相互关照、相濡以沫，一直相守到人生的最后岁月。

1960年，徐如人正负责"一条龙"的教学改革任务，为完成现代化学基础课的主讲任务与整个教改集体工作的协调推进而努力拼搏着。而庞文琴也是系里教改"一条龙"任务的骨干，她在参与了一段时间的教改任务后，由于当时新建的原子能系及生物系的教学需要，她又被系里安排到这两个部门主讲普通化学课。她领受的这些教学任务，在当时都是无先例可循的，一切全靠她自己在探索中开展。那时，正值"大跃进"时期，她当时已怀有身孕，为节省时间，她和丈夫每天都到当时的公社食堂吃饭。食堂伙食很差，而他们的工资又很低，根本谈不上补充什么营养，就在这样的条件下，他们的儿子徐鹰出生了。

对于儿子出生这件事，徐如人终生难忘。难忘的不是儿子出生所带来的喜悦，而是他对妻子的那份歉疚。那段时间，徐如人忙于现代化学基础课"一条龙"的教学改革任务，根本无暇顾及怀孕的妻子。12月20日，也就是庞文琴临产前的那天晚上，徐如人正在理化实验楼六楼一间大实验室准备讲课用的教学展览，半夜十二点左右，庞文琴拿着住院用的脸盆与一些生活用品，穿着厚厚的棉大衣，非常吃力地爬上了六楼。当她面色苍白、气喘吁吁地推门而入时，徐如人惊呆了：原来是半夜时，妻子的羊水突然破了，她预感到即将临产，而当时没有任何通信设施和交通工具，时至深夜，周围寂静无人，又不便叫起左邻右舍，她只好从他们居住的宿舍楼冒着凛冽寒风，一步一步走到实验楼，很吃力地爬上六楼来找丈夫救驾了。

幸运的是，次日上午，儿子徐鹰出生了。这段经历中，妻子的坚强与对他的体谅令徐如人终生难忘。

儿子出生后，由于当时的条件确实困难，除了徐如人在南京医学院任教的大哥徐如愿（与徐如人同父异母）给孩子寄来了一些米粉，几乎什么都没有。再加上当时他们俩工作特别忙，徐如人忙着教改任务，庞文琴则承担了多门课的教学任务。工作和生活的重压使他们实在无暇照顾孩子，待孩子满月后，无奈之下只好把他寄养在一对山东籍的老夫妇家中。那对老夫妇的家非常破旧，只有一间房、一铺土炕，炕下还养着一只产奶的山羊，他们的长子徐鹰就是靠着这一点点羊奶长大的。

三年后，女儿徐雁出生。

儿女双全，对徐如人夫妇来说既感到欣喜，又感到生活担子的

▲ 庞文琴与儿子徐鹰的合影

沉重。1959—1961年，出现全国性的粮食短缺和饥荒，徐如人全家也挣扎在温饱线上。那时家里实在找不出吃的来了，徐如人就借个推车，往返20多公里到长春市郊兴隆山的地里捡拾散落的白菜叶子，回来洗净剁碎包成菜团子充饥。就这样，总算度过了那段难熬的岁月。

1964年，中央提出了在农村搞"四清"运动，吉林大学及化学系当时抽调了大批教职工下乡下厂去参加运动。按要求，徐如人家也要出一个人。当时徐如人患有比较严重的胃溃疡，妻子怕他下乡去吃粗粮受不了，毅然决定自己去参加"四清"运动。农村的艰苦劳动和日晒雨淋使庞文琴变得又黑又瘦，一年后回到家时，快两岁的女儿徐雁都不认识她了。

1966年"文化大革命"开始。因为徐如人的家庭背景，妻子庞文琴更是吃了不少苦，特别在精神上受到了很多折磨。然而她默默地忍受着。1969年冬，他们全家下放到扶余县三井子公社，庞文琴陪着丈夫又经历了三年艰苦的农村生活。值得高兴的是，1970年，他们在乡下生了小女儿徐鸿。

1972年，大学准备复课了，先招收的是工农兵学员。在急需要教师回来上课

▲ 20世纪60年代徐如人夫妇与儿子徐鹰、女儿徐雁的合影　　▲ 徐鹰与徐雁兄妹合影

▲ 徐如人全家合影（摄于20世纪70年代末）

的情况下，他们于 1972 年 12 月回到了学校。由于没有宿舍，全家被安排在灰楼的一间教室中，一住就是三年。

1973 年，庞文琴开始为工农兵学员讲课，而徐如人因为尚未结案平反，被安排在校办稀土工厂做了三年的工人。

1977 年，徐如人被平反，全家重新开始了正常的生活。

婚后 10 多年的生活中，庞文琴及子女一直因为徐如人的关系遭受连累，生活上、精神上都受到了不少不应该遭受的对待。但她从无怨言、不离不弃，以女人特有的坚贞与韧性来面对生活的磨砺。在她的帮助与陪伴下，徐如人渡过不少难关。

俗话说：患难之处见真情。徐如人与庞文琴就是这样一对感情笃厚的夫妻，他们相识于建系之初，在共同的创业经历中相知相爱，在困难时期结为夫妻、养育子女，饱尝了创业、生活之苦。但他们风雨同舟、甘苦与共，经受住了生活的磨砺与考验，清贫尤乐。

▲ 庞文琴工作时的照片（摄于 20 世纪 80 年代）

第十五章 逆境中的求索

"大跃进"结束后的几年，通过治理整顿，学校各项工作渐趋走向正常。然而，1966年5月"文化大革命"开始了，学校及化学系刚刚步入正轨的教学、科研工作又被彻底打乱。学校开始停课，学生们都被卷入"文化大革命"的洪流之中。徐如人一时间还相安无事，只是他一直忙惯了，一下子停课反而不太习惯。

1968年夏，学校开始"清理阶级队伍"，一切活动开始上纲上线。由于徐如人的家庭出身不好，社会关系复杂，10月，他被关押，进行"隔离审查"，度过了人生最阴暗的一段岁月。妻子庞文琴当时的处境也十分痛苦和艰难，丈夫突然被关押，留下两个幼小的孩子需要她照顾，好端端的家庭顷刻被拆散；更让她精神上不能接受的是，她要顶着丈夫是"国民党特务"的帽子面对同事及亲戚邻里，这令她更加难以承受。就在全家人快要承受不住的时候，事情出现了转变。

1969年11月，在徐如人被关押了一年后，根据"五·七"指示：让干部和知识分子接受贫下中农再教育，将一些党政机关干部、科技人员和大专院校教师等下放到农村，进行劳动改造。这样，徐如人就被放回了家。回家后不久，他们全家就被下放到吉林省扶余县三井子公社彻底下乡去当农民，接受劳动改造。

▲ 庞文琴与孩子下乡时的照片

一切准备停当后，学校派了一辆大卡车送他们去乡下，预定好12月20日出发。可就在这个时候，儿子徐鹰突然得了乙型脑炎，如果不及时治疗很容易留下脑部后遗症。此时家里的户口、粮食关系都已撤销，到医院看病及办理一些事情等都会带来麻烦，而上级部门又催促徐如人必须按期下乡报到。

徐如人与爱人庞文琴商量后，决定由她带着儿女留下来治病，治好后再下乡。这对庞文琴来说，是一个非常艰苦的任务，在没有户口、粮食关系等艰难条件下，一个人带着两个孩子，连吃饭都很困难，每天还要背着徐鹰去医院治疗。幸亏当时得到几位暂留长春的同志的帮助，徐鹰也在来年的2月康复，没有留下后遗症。庞文琴这才带着两个孩子前往扶余与徐如人团聚。

徐如人被下放的三井子公社地处扶余县中部，距离长春200多公里，辖区内多为风沙区和盐碱土区，干旱少雨，粮食产量低，在当时是比较贫瘠的地区。徐如人来到后，在村民的帮助下，向老乡家借了一间房，摆放好行李物品，算是暂时有了一个落脚地儿。安顿好后，他就在大队干部的带领下，开始熟悉村里情况，跟社员们干一些力所能及的农活。当地民风朴实，人们对他也比较友善。时值年底农闲季节，在参加生产劳动之余，徐如人就拼命地看书，以排解内心的孤寂与苦闷。

由于当时居住的地方离公社太远，交通很不方便，当妻子庞文琴带着两个孩子到来后，考虑到自己要经常向上级汇报思想以及孩子们的上学问题，徐如人便向公社申请能否搬到离公社近一点的地方居住。经批准后搬到了永久大队三大岗子屯。由于没有房子，他们先在一位老乡家借住了几个月。但这毕竟不是长久之计，徐如人开始筹建自己的房子。在老乡们的帮助下，他在村东头盖了两间土房。开始了他们在乡下两年多的生活。

村民们一开始对他们存有戒心，但后来发现徐如人和妻子庞文琴都是知识分子，为人善良，与人谦和有礼，再加上他们时常为村民们代写书信、阅读报刊文件等，很快便赢得了大家的尊重。开始春耕时，考虑到他们没有干农活的经验，大队派徐如人干一些比较轻便的活。比如，让他专门看守田间的一条"小毛道"。那是村里人为抄近道在田间踩出的一条小路，如不限制，就会越走越宽，踩踏两侧的禾苗，影响庄稼产量。看守毛道的还有一个任务，就是不让鸡、鸭、猪、羊等家畜啄食庄稼。据社员反映，徐如人

▲ 1970年庞文琴与孩子们在农村平房前合影（抱孩子者为庞文琴）

对这项工作极其认真，风雨无阻。他每天早早来到小路的一端，坐在小凳子上，一边看书，一边巡视，发现有家畜过来就用土块吆喝着轰走；如果有行人，他就老远跑过去，提醒行人绕道。他管理严格、认真负责的态度，给社员们留下了良好的印象。

"文化大革命"期间被下放到农村进行劳动改造的多为党政机关干部、科技工作者和大专院校教师等，他们大多没有参加过农村的生产劳动，干农活纯属外行。公社党委的宋书记与社办加工厂党支部的谭书记对他们搞理工科、懂技术的人特别重视，希望他们能用自己的知识和技术帮助公社改变贫困落后的面貌。在徐如人的记忆中，当时他们居住的永久生产大队，农民的生活相当苦，一年到头只能土里刨食，看天吃饭。赶上年头不好的时候，有些贫困家庭或贫困村屯甚至要吃返销粮。宋书记组织他们参观了该公社一些村屯的自然环境，跟他们讲当地生活落后的主要原因是土地不肥沃，多是沙丘地和大面积的沙丘与盐碱地。这种土质不适合种庄稼，有的地即使种了庄稼产量也极低，赶上干旱或大风年头就有可能绝收。通过参观，细心的徐如人发现该公社的沙土是不同寻常的黄沙，这种沙学名叫石英砂，是一种硅酸盐矿物质，坚硬、耐磨、化学性能稳定，其主要矿物成分是 SiO_2，广泛用于玻璃、铸造、陶瓷及耐火材料等工业生产中，且在当地储量相当大。

回来后，徐如人就想如何因地制宜，变废为宝，为地方的经济发展做点贡献。他与来自吉林省地方工业研究所搞化工的吴德铭工程师及搞机械的王福继工程师商量，能否利用本地的石英砂与大量碱土地中的"纯碱"（Na_2CO_3）来生产点比较有经济价值的产品。

几经考虑，徐如人认为，最现实、最容易的办法是生产水玻璃。对此，吴德铭和王福继也很赞成。经过他们仔细研究，觉得如果用上述原料生产，则必须用高温熔融法，一般要在1500℃的条件下，再用水浸才能得到产品。而当时公社没有这样的生产条件，为此他想到可否用水热法，即用火碱代替纯碱与石英砂反应来制取。当他把设计与制造水热反应器的想法告诉两位工程师后，当即都认为可以试试。这样，由徐如人提出想法，两位工程师设计并绘制了水热反应器的图纸。

用水热法制水玻璃，当时面临的一个最大困难就是，如何获得水热反应所必需的 100℃ 以上的高温？具体地说，就是如何加热？吴德铭和王福继是这方面的行家，认为可以用过热

▲ 徐如人（前排左一）下乡建水玻璃厂时与王福继（前排左二）、吴德铭（前排左三）以及三名工人合影

蒸汽夹套装置来实现，比如蒸汽锅炉。但是当地唯一的一个粮食加工厂连一台锅炉都没有，当务之急，就是想办法打造这样一个装置来。他们将整个设想向加工厂的领导进行了汇报，很快得到该厂领导谭书记的支持，他马上派焊工与钣金工焊制成了一个 180 升的水热反应器，另外又派人砌锅炉。令徐如人印象特别深的是当时立锅炉的烟筒，还是工人们想尽办法，在没有起重机械的情况下把相当高的烟筒完全用人工的方法立了起来。

基本条件已经具备了，接下来徐如人花了几个月时间，培养了三位当地具有高中文化的工人，让他们参加水玻璃生产的试验。他们利用公社加工厂工人焊制的用夹套加热的 180 升加压釜，经过加压试验确定安全后，结合当地石英砂资源与外购少量火碱，在 120～150℃ 的水热反应下，制成了模数较低的水玻璃；然后培训技术员，在生产中用酸－碱滴定法测模数，边摸索边小规模生产。为了不徒

▲ 徐如人（后排左一）下乡建水玻璃厂时与工人们在加工厂门前合影

▲ 徐鹰（右）、徐雁（左）、徐鸿（中）三兄妹在土房炕上合影

劳，有市场，他们找来另外一位下放人员去长春找到了销路，卖出去了十几吨产品，为当地创造了一点经济效益，这让他们感到非常欣慰。徐如人在农村的最后一年多时间，就是在当地公社的加工厂内全力指导生产水玻璃。

乡下的生活虽然艰苦，但也不乏欢乐。1970年11月，小女儿徐鸿出生了。为此，徐如人还赋诗一句：下放三载住土房，家中添个小凤凰。可见其乐观的人生态度。

1972年12月，在经过三年的农村生活后，徐如人被召回学校，当时全家被安排住在灰楼西侧的一间教室里。条件虽然简陋，但总算有个落脚地儿。

徐如人被召回学校也不是一帆风顺的，因为他的出身关系，学校当时只想召回庞文琴。但由于庞文琴的坚持与争取，学校只好把他们夫妇同时召回。

返校以后，由于徐如人当时还未被平反，不能上讲台，也不能参与正常的教学、科研工作，暂时被安排到校办稀土工厂上班，编制为工人。对此，他始终抱着一种以苦为乐的精神。

校办稀土工厂坐落在图书馆东侧的一排平房里，主要任务是利用离子交换法生产高纯单一稀土。徐如人除了干体力活，仍不忘钻研技术，与其他返城老师和工人一起研究用离子交换法分离、提取高纯稀土。对待工作，他总是热情饱满、认真负责。他这种潜心工作、乐观向上的忘我精神，也深深影响着身边的教师和工人。

此外，徐如人还利用劳动的空闲时间协助当时刚兴建的德惠化工厂利用长白

▼ 徐如人下乡住的老房子旧址

山丰产的矿物资源——江浮石来生产当时国家急需应用的 A 型与 13 X 型分子筛。江浮石是火山喷发后岩浆冷却形成的一种矿物质，主要成分是硅铝酸盐，质地软、孔隙多、比重小，能浮于水面，因而得名。当地人习惯叫江沫石，在松花江上游比较常见。徐如人对此很感兴趣，劳动之余查阅并翻译了大量有关分子筛方面的文

▲ 20世纪70年代校办工厂劳动的场景

献，供厂方技术人员学习。但由于工厂条件的限制，无法进行深入研究，只能根据国家的需要进行简单的生产。而正是因为这段实践经历，开启了徐如人对分子筛研究的机缘，并在这个学科领域取得了巨大成就。

就这样，徐如人在稀土工厂干了三年多，直到 1977 年才被彻底平反。

▲ 江浮石

"四人帮"倒台后，学校给徐如人平了反，恢复了教师身份，他又可以重新走向教师岗位。此时，对于已年逾不惑的徐如人来说，可谓百感交集。站在人生一个新的转折点上，他不得不重新思考，人生最年富力强的十年已经逝去了，如何调整好自己的状态，把时间投入自己所钟爱的教学、科研中，让自己的人生有所建树，成为他奋斗的方向。

恢复工作后，系里分配给徐如人的第一个教学任务是带74级3个工农兵学员的毕业论文。由于"文化大革命"，他的教学、科研工作基本停滞，如何指导学生的毕业论文让徐如人煞费苦心。好在当年协助德惠县化工厂以江浮石为原料生产A型与13X型分子筛的工作时看过一些有关分子筛方面的文献，了解当时国内生产Y型分子筛的情况，并做过一些实验。有了这方面的一些积累，他尝试以"'江浮石'为原料合成Y型分子筛"为题，指导三名学生做大学毕业论文。也正是因为这次指导学生的论文工作，使他开始正式接触分子筛的研究，并循序渐进，成为他以后科研工作中的一个主攻方向。后来，历经30多年的探索，徐如人和他的研究团队在国际上率先合成出磷酸镓、砷酸铝、砷酸镓、硼铝酸盐、钛酸盐、氧化锗与锗酸盐七个系列全新微孔晶体60余种，这项工作使他将中国分子筛的研究推向了一个新的高度，并走向世界。

1977年9月，教育部在北京召开全国高等学校招生工作会议，决定恢复已经停止了10年的全国高等院校招生考试，以统一考试、择优录取的方式选拔人才上大学。11月30日，教育部和国家科委联合发出"为了使高等学校早出人才，快出成果，努力把重点大学既办成教育中心，又办成科学研究中心，为四个现代化做贡献"的号召。全国各大高校积极响应，吉林大学顺势而动，在唐敖庆教授的领导下，秉持教研相长的办学理念，全面推进吉林大学教学、科研与人才培养工作。

为适应建设研究型大学的要求，1978年，化学系开始恢复招收研究生，徐如人被选为化学系首批有资格招收研究生的中青年教师之一。10月15日，化学系首批29名研究生入学。同年12月，徐如人晋升为副教授。此时，作为一名研究生指导教师，徐如人既感到使命的光荣，同时也感到肩上担子的沉重。作为他这个仅有三年大学学历且提前毕业的大学生，从教后又刚经过十年"文化大革命"的教师来讲，仿佛一切都需要从头做起。为做好这项工作，1977年一年中，他投入全部精力来了解研究生的教学。为了了解研究生论文的开题、如何选定论文题目、设定实验条件等环节，他查阅了包括美国《化学文摘》（简称C.A）以及当时化学系资料室保存的英、美等国的所有期刊，还从别人那里借到了一本在伦敦召开的第一届国际分子筛会议的论文集 *Molecular Sieves*。为了看懂这本英文论文集，徐如人着实花费了不小的精力。他从1952年留校后开始学习俄文，那时化学系的整个教学模式都是向苏联学习，教学材料也大都是俄文的，很少看过英文书籍，又加上十年"文化大革命"的荒废，他的英文水平很差。但这难不倒徐如人，因为他有过自学俄文和法文的经历，对待英文，他仍如法应对。他整天抱着英文词典边看边译，几个月下来，他硬是以蚂蚁啃骨头的精神一个单词一个单词地翻译，直至将所有文章全部翻译出来，用了五本厚厚的笔记本。

在查阅翻译文献的过程中，徐如人发现当时国际上有几个研究组在分子筛的合成与晶化领域很活跃，并且完成了一些比较前沿的工作。例如，德国汉堡大学物理化学研究所的汉斯·莱歇特、英国阿伯丁大学化学系的 Dent Glasser 和英国剑桥大学物理化学系的 J. M. Thomas（F. R. S）等研究组。让他印象最深刻的是德国汉堡大学物化所的汉斯·莱歇特教授。1975年和1976年，汉斯·莱歇特教授发表在 J. Phy. Chem 上的两篇有关分子筛形成机理方面的文章，在当时具有比较超前的思想。文中叙述的一些理论和研究方法很新颖，都是徐如人以前未曾听闻的，这激起了他的研究兴趣。

有了这一发现，1978年，徐如人与汉斯·莱歇特教授建立了联系。为了更好地向汉斯·莱歇特教授学习与交流，徐如人做了一个大胆的决定，通过化学系领导向学校外事部门申请，提出了邀请汉斯·莱歇特教授来校访问交流的建议。这一在改革开放之初，勇于率先开展同国外资本主义发达国家建立科研联系的举动实为少见。何况，徐如人在"文化大革命"时期"特嫌"的帽子刚刚摘掉，这一想法足以彰显他在科学研究道路上不畏艰险、敢为人先的精神和毅力。功夫不负有心人，他的建议得到了学校和系里的大力支持，经过烦琐的手续后，教育部终于批准了邀请汉斯·莱歇特教授来校访问讲学的请求。

1979年7月，汉斯·莱歇特教授应邀到吉林大学讲学。学生们对这位个子高大，黄头发蓝眼睛的外国教授感到非常好奇，甚至不敢接近。但汉斯·莱歇特教授举止优雅，待人和蔼可亲，很快就拉近了与大家的距离。尤其是他讲课幽默，肢体语言丰富，广学博识，更增进了大家的好感。

汉斯·莱歇特教授在吉林大学开展了一个月左右的有关分子筛的合成、晶化与结构方面的讲座。经徐如人的广泛邀请，国内相关高校、研究院所，特别是石油化工研究院等产、学、研多个单位派研究人员前来参加学习和交流。

通过与汉斯·莱歇特教授的接触，徐如人发现他不仅是一位优秀的科学家，学识渊博、远见卓识，他还对即将开始改革开放的中国非常友好，特别愿意与吉林大学开展进一步的教学与科研合作。

▲ 1979年，德国汉堡大学汉斯·莱歇特教授应徐如人之邀来吉林大学讲学

汉斯·莱歇特教授的讲学迅速拉近了东、西方学者间的距离。他的这次讲学之旅，伴随着中国改革开放的步伐，全面开启了吉林大学对外交流合作的新篇章。他的讲座不但带动了徐如人研究组的教师、研究生以及当时77届、78届的本科学生对分子筛有关领域研究的国际前沿与发展动态的了解，而且对相关单位的研究人员以后开展分子筛研究工作，了解基本问题，探寻研究方向起到了有力的引导和推动作用。

在一个月的讲学中，徐如人与汉斯·莱歇特之间的关系加深了，他们开展了很多学术思想交流。通过交流，他不仅向汉斯·莱歇特教授请教了有关研究生培养与教学方面的经验，还就有关分子筛合成与晶化方面的前沿与研究方法等科学问题做了深入的探讨，对徐如人课题组以后系统地研究分子筛晶化问题以及研究生的教学与培养启发很大。

自此，徐如人又在1981—1983年连续三次邀请汉斯·莱歇特教授来校访问、讲学。1984年，汉斯·莱歇特教授推荐德国汉堡大学无机化学研究所的应届毕业

▲ 徐如人与梅迪乐博士

博士梅迪乐来徐如人处做合成方面的博士后研究，这在当时的中国高校是极其稀有的学术交流活动。徐如人与汉斯·莱歇特之间的友谊与学术交流一直保持了几十年，也因此开启了吉林大学化学学科与国外大学及研究机构全面合作交流的新渠道。

　　同时，由于徐如人在每次组织为期一个月的国际著名专家的讲学活动中总是邀请国内分子筛产、学、研界的研发人员来吉林大学参加讲座，以提高国内分子筛化学的总体研究水平，因而结识了不少石油工业界的同仁，诸如北京、抚顺、上海、金陵、长岭等地的厂矿与研究院所，以及高校的研发同行，这为以后开展产、学、研界的协作并为提高我国分子筛催化工业的发展打下了良好的开端。

　　1978年10月，徐如人招收了五位研究生，主要是当时的工农兵学员，他们是李守贵、刘新生、赵敬平、张健民和曹惠。学生们的年龄相差很大，其中年龄最大的是李守贵，入学时已经36岁，后留校跟随徐如人工作直至退休。虽然他们的基础比较差，但都很努力。

　　对待研究生培养工作，徐如人格外用心，这毕竟是化学系创建以来首次招收研究生，这个头开的好坏，将直接影响到今后的人才培养质量。给研究生开设什

▲ 汉斯·莱歇特教授与徐如人及其研究生讨论学术问题（左起：赵敬平、陈中才、刘新生、汉斯·莱歇特、徐如人）

么课程、如何选题、确定什么样的培养思路，在这些问题上徐如人没少花费心思。正是由于他的严谨认真、深思熟虑，以及后来在实际工作中的言传身教，使他在人才培养方面取得了巨大成功。为做好研究生的培养工作，他制订了详细的教学计划和安排。第一年，为学生讲授有关"分子筛化学"和"无机合成化学"方面的课程，给学生打好专业研究的基础。第二年，聘请汉斯·莱歇特教授来校讲学后，并就研究生的培养模式与汉斯·莱歇特教授进行了深入交流和探讨。在汉斯·莱歇特教授的建议下，他决定将学生的研究方向直接推向国际前沿，为学生制订了"以特定结构的分子筛为对象的生成机理研究"为题的毕业论文，其中两人用不同方法研究 Y 型分子筛、两人研究 L 型分子筛，还有一位研究 Ω 型分子筛。

研究方向和选题都定下来了，接着就是按照既定的思路开展研究。改革开放

▲ 汉斯·莱歇特与徐如人研究组的师生讨论实验中的问题

之初，中国的经济还很落后，在高校的经费投入上严重不足，科研设备十分短缺。由于研究工作条件极其简陋，徐如人课题组就连测定晶化样品的粉末 XRD 这样最基本的表征也得跑到很远的地方工业研究所去测定。特别是在冬天，天寒地冻，交通不便，学生们每次都要走路去送样，但他们从不抱怨，都做得特别努力。

　　1981年，在徐如人的精心指导下，学生们完成了毕业论文，开始准备答辩。因为是第一批研究生的论文答辩，徐如人格外重视，要求也非常严格，他要求学生们的毕业论文都要用中、英文来撰写，这对学生们来说是一种压力，但更是一次锻炼和提高。对学生的要求严了，徐如人的工作量就更大了。他帮助学生一遍又一遍地修改论文、提出意见、不断完善。在他的精心指导下，五位研究生如期完成了论文的撰写任务。

接下来是论文答辩。答辩的规格安排得也很高，徐如人特意聘请来校讲学的汉斯·莱歇特教授做答辩委员会主席，成员由化学系的关实之教授、北京石油化工研究院的朱惟庸主任工程师、东北师范大学的郑汝骊教授以及徐如人、庞文琴等人组成。由于准备充分，学生们的答辩都很精彩，论文得到了评委们的高度赞许，并一致通过。当时作为答辩委员会主席的汉斯·莱歇特教授对中国学生的表现很惊讶，事后还问徐如人这是否是博士论文答辩。足见这批学生论文的质量与答辩的水平不一般。

1979年秋，当时正在吉林大学访问的汉斯·莱歇特教授了解到徐如人的研究工作，他建议徐如人将研究结果撰写成论文投稿到1980年6月在意大利举行的第五届国际分子筛大会（5th IZC）上。汉斯·莱歇特教授时任国际分子筛协会副主席，对徐如人的研究工作很感兴趣，认为他的研究工作具备一定的国际水准。徐如人高兴地接受了汉斯·莱歇特教授的意见。为此，他做了精心的准备，认真将

▲ 1981年，答辩委员会委员在首届研究生毕业答辩会场（右一为徐如人，右三为汉斯·莱歇特）

▲ 1981年，首批五位研究生答辩后与导师合影（前排左起：赵敬平、庞文琴、马淑杰、曹惠、李守贵；后排左起：刘新生、张建民、徐如人、汉斯·莱歇特、俞国祯、吴玉瑶）

自己的研究撰写成文章投了出去。这是他第一次将自己的研究工作推向国际科研舞台上去展示，让世界科技同行了解中国科研工作者的研究水平。

不久，徐如人就接到了大会通知，他撰写的文章被大会正式接收，同时邀请他参加第五届国际分子筛大会。

接到通知后，徐如人兴奋不已，同时也感触颇多，毕竟，自己的研究成果为国际科技界所接受，证明了自己的能力和水平。同时，徐如人也深深感受到，中国科技能够走向世界，科研工作者需要做的工作任重而道远。1980年5月，徐如人与南京大学的须沁华一起出席了在意大利召开的第五届国际分子筛大会。会上，徐如人宣读了题为 *The Mechanism of The La-Nay Ion Exchange Reaction at Elevated Temperature* 的论文。这是中国人第一次参加国际分子筛大会（IZC），并在大会上做的第一篇论文报告。

　　这次会议开启了徐如人及其课题组科研工作走向国际化的大门，对推动中国分子筛化学与水热化学的研究跻身国际前沿起到了开拓性的作用。自此，徐如人及其科研团队参加了历届（每隔三年一次）国际分子筛大会，逐渐成为国际分子筛研究领域的一支生力军。2003年，在法国蒙彼利埃举行的第十三届国际分子筛大会上，在以徐如人为代表的中国科研工作者的不懈努力下，通过全体与会者的投票，为中国争取到了第十五届国际分子筛大会的举办权。2007年8月，第十五届国际分子筛大会在北京召开。来自全球56个国家的1000余位科学工作者出席了大会，中国有超过100个研究集体的286篇论文在会上进行了报告，彰显了中国分子

▲ 1980年5月，徐如人在第五届国际分子筛大会上与美国著名的分子筛专家D.Breck教授等人合影（左起：须沁华、秦观林、D.Breck教授、徐如人、J.D.Shorman）

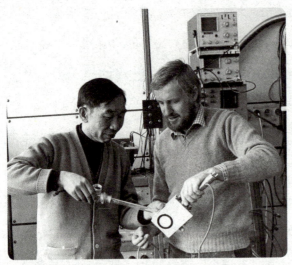

▲ 徐如人在德国汉堡大学与W.Basler博士做实验

筛科技研究的快速进步。

第五届国际分子筛大会后，徐如人应汉斯·莱歇特教授的邀请，到德国汉堡大学物化所做了近半年的访问学者。

在德国汉堡大学访问期间，徐如人切身感受到东西方经济、科技、教育等方面的差距，激起了他的民族危机感与使命感。他充分利用在德国的每一天时间，如饥似渴地了解与学习国外的先进科学技术以及教书育人理念，努力寻求可以提升中国科技、教育的先进经验和做法。他每天都钻在汉斯·莱歇特教授的实验室里，开展研究工作。在 **W.Basler**

▲ 徐如人与W. Basler博士探讨实验中的问题

博士的热情帮助与指导下，他利用实验室特有的固体脉冲 Na^{23}-NMR 技术研究了在导向剂存在下 NaY 型分子筛的晶化机理，并取得了重要进展。不仅解决了当时存在的一个科学问题，他还与 W.Basler 博士和汉斯·莱歇特教授一起发表了论文。更重要的是，他回国后率先在国内应用固体 NMR 技术继续进行了分子筛生成机理的系统研究，并取得了一系列研究成果。

在德国汉堡大学访问期间，徐如人还访问了德国慕尼黑科技大学、不来梅大学与基尔大学，通过设身处地地交流与感受，进一步增加了对德国高校化学领域的教学与研究工作的了解，这对他回国后开展科研与教学工作提供了有力的借鉴和指导作用。

1978年，在中国的历史上注定是不平凡的一年。3月18日，中共中央在北京人民大会堂召开全国科学大会。会上，中共中央副主席、国务院副总理邓小平发表重要讲话。邓小平指出，四个现代化的关键是科学技术的现代化，并提出"科学技术是生产力"的著名论断。这次大会也是中国科技发展史上一次具有里程碑意义的盛会，澄清了长期束缚科学技术发展的重大理论是非问题，打破了"文化大革命"以来长期禁锢知识分子思想的桎梏，迎来了科学的春天。

春天已经来了，就要抓紧播种耕耘，秋天才会有收获，不能再误农时了！此时的徐如人，给自己立下了一个信条：少说多做，埋头苦干，重新创业，只争朝夕。

恢复工作以后，徐如人在研究生培养与国际学术交流方面虽然取得了一些成绩，但由于条件的束缚，科研工作还没有实质性的进展，许多研究还停留在纸上谈兵的状态。他当时还没有承担正式的科研项目，也没有科研经费的来源，这是束缚他开展科研工作的一个现实问题。为突破这一屏障，徐如人经过反复调研，认为既然分子筛的研究在石油化工方面运用广泛，那么，何不在这方面做些文章，寻求一些应用项目呢？为此，他曾几次与北京石油化工研究院联系，尝试做一些彼此都感兴趣的工作。

经过一段时间的了解，徐如人发现，根据他们当时的研究能力与专业基础，对炼油中裂解催化剂的主要组分 ReY 分子筛的制备研究有帮助。当时在 ReY 分子筛的制备路线上主要是通过在比较温和的条件下用 Re^{3+} 将 NaY 分子筛中的 Na^+ 通过下列反应交换出去，变成 ReY 分子筛。反应如下：

$$Re^{3+} + NaY \rightarrow Re^{3+}Y + Na^+$$

这一反应过程在制备工艺上，是通过所谓的"二交二焙"路线，即为了用 Re^{3+} 将 NaY 中的 Na^+ 交换得比较彻底，需用两个阶段的离子交换反应过程，也就是说第一阶段 Re^{3+} 将 NaY 中大部分 Na^+ 交换到相当程度（因为催化剂中的 Na^+ 存在将影响炼油中的裂解催化效率并有副产品生成），然后再进行一次交换、一次高温焙烧，生成 ReY。但"二交二焙"工艺复杂、成本高，需要改进。发现这一问题后，徐如人就与石油化工研究院的有关人员讨论，提议能否用一次比较彻底的离子交换方法直接制备出符合催化性能要求的 ReY 分子筛。他的提议得到了石油化工研究院同行的肯定。

得到肯定后，徐如人详细研究了 NaY 型分子筛结构，特别是其中 Na^+ 在 Y 型分子筛结构中的位置后，开始大胆设计新的实验路径，考虑能否借水热反应一次将在 NaY 型分子筛中五个结构位置上的 Na^+（SI, SII, SIII, SIV, SV）通过一次交换全部交换出来？通过实验，他发现主要困难是水合 $Re(H_2O)_n^{3+}$ 离子中的 H_2O 分子在温和条件下无法全部脱去，使体积过大的 $Re(H_2O)_n^{3+}$ 无法进入 NaY 结构中双六环的窗口，而进行 SI 位置上的 Na^+ 离子交换。针对这一问题，徐如人提出了一条应用较高温度下的水热离子交换反应来进行一次交换以完成 ReY 制备的路线。他把这一想法与有关研究人员探讨后，就开始与组内的同事及研究生开始了这方面的实验研究，并且得到了石油化工研究院少量的经费资助。通过多次在大于100℃的水热条件下进行离子交换等温线与 $La(H_2O)_n$ 水合焓规律的研究实验，他们发现，在180℃的水热条件下，甚至可以将交换度提高到1左右。这一系列的基础性研究实现了在较高温度下通过水热离子交换，一步完成下列反应：

$$Re^{3+}_{(水合)} + NaY \rightarrow ReY + Na^+$$

这是一项技术上的创新，也是徐如人及其课题组初始承担科研项目的一个较大的突破。这项应用基础研究成果得到了石油化工研究院同行们的认可，且在教育部主办的《高等学校化学学报》（创刊号）上发表了这项研究成果。

这项研究的成功进行，不仅为徐如人今后立足于国家的生产实际开展基础研究这一科研路线打下了良好开端，也激发了他们的研究热情。正是在这一研究的基础上，徐如人及其课题小组在实验室开始了长期深入而广泛的水热化学方面的基础研究，为以后吉林大学教育部水热开放实验室的建立以及无机合成与制备化学国家重点实验室的建立奠定了基础。

在上述研究工作的基础上，徐如人结合1973—1975年在校办稀土工厂的工作经验，根据当时用离子交换法分离高纯单一稀土的小型生产方法，设想如何系统地开展对十多种单一稀土元素的离子交换反应的基础性研究，观察稀土离子的水合焓、离子交换速率常数等随稀土离子的不同与温度的变化的详细规律。经过反复实验探索，徐如人及其课题组得出了一些对指导此交换反应具有指导性的规律，这些研究成果为他们以后的研究工作奠定了基础，同时也为他们的研究工作走向国际前沿打开了新的通道。由于科研工作的突出表现，1979年年底，徐如人被学校破格评为教授。

随着改革开放与国际学术交流的不断深入，徐如人越来越感到合成化学在创造新物质、开拓新材料以及为研究与揭示结构—性能（功能）—合成间的关系和规律与原理提供了最重要的基础，是推动社会与经济发展的主要动力。尤其对当时中国的无机化学界来说，无机合成与制备化学更处于落后的状态，这个问题对中国无机化学的发展是一个必须跨越的瓶颈。

2001年诺贝尔化学奖得主野依良治（R. Noyori）在2009年撰写的一篇题为 *Synthesizing our future* 的文章中曾提出，合成化学是化学的核心，无机合成是无机化学的核心。

作为一名科研工作者，徐如人具有敏锐的洞察力以及前瞻的科学视野，他对无机化学研究领域今后的发展及未来走向有着准确的分析和预测能力，他紧紧抓住了无机合成化学对整个无机化学领域未来发展将产生重要影响这一课题，努力寻求如何跨越这一发展瓶颈的研究之路。

然而，说起来容易，做起来难。改革开放之初，在中国的大学里，不要说谁在研究无机合成化学，很多人甚至都没有听说过。对大多数中国科研工作者来说，这是一个全新的概念。在中国开展无机合成化学研究工作，徐如人是第一个敢于吃螃蟹的人。

基于以往的工作经验，徐如人进行了系统的总结。经过一番深思熟虑后，开创无机合成化学的专业设想在他的脑海里日臻成熟起来。

1981年，徐如人在吉林大学首次创建并开设了无机合成化学课，把无机合成化学的全新概念引入课堂，让更多的学子开始熟悉和了解这门新的知识领域。无机合成化学课的开设在中国化学学科领域尚属首次，徐如人开启了中国无机合成化学教学、科研以及人才培养的先河。这门课程的开设，为吉林大学无机化学学科增添了鲜明的学科特色和别具一格的科研方向，培育了一批以合成化学为主攻方向的无机化学专业人才。

徐如人的专业设想，开创了无机化学的一个新的门派，在中国科学界影响强烈，他的努力很快得到了见证和认可。1984年，经国务院学位委员会批准，在吉林大学成立无机化学博士点，徐如人被聘为博士生导师。20世纪80年代，博士生导师在大学里可谓凤毛麟角，是学术顶尖人物的代名词。对于博士生导师的评聘，当时大学是没有自主权利的，都是由国务院学位委员会统一评聘，大家习惯称其为"国评博士导师"。

博士生导师是一个职称，在一些人看来是一项荣誉，但徐如人从不在乎个人的名利，他能做的是激励自己不断前行，争取更大的超越。

徐如人前瞻性的科学思想、踏实的进取精神、忘我的工作态度，使他的学术水平不断提高，威信不断加强，影响不断扩大。1985年7月，他被推选为化学系主任。同年9月，基于合成化学的发展需要，学校决定成立合成与催化研究所，任命徐如人为所长。他的能力得以进一步施展，在他的带领下，化学学科的整体实力得到进一步加强。10月，经全国博士后科研流动站管理协调委员会第二次会议批准，在吉林大学建立化学、物理学、计算机科学与技术三个博士后流动站。其中化学流动站所含专业有物理化学、无机化学、高分子化学与物理三个专业。此后的几年里，经过不断的努力，捷报再次传来：1987年，经严格评审后，教育部确定在吉林大学成立以无机合成化学为主要学术方向的无机化学国家重点学科，同时被评为首批国家重点学科的还有物理化学学科，这两个学科也是全国首批建设的国家重点学科，这是吉林大学学科建设中的一项重要成就。

所有成就的取得离不开徐如人及其研究团队长期以来辛勤开拓和进取的结果。面对成就，徐如人从未骄傲，前进的脚步丝毫没有停歇。他深知，学无止境，探索科学之路是没有终点的。他常常在思考，一个学科的长远发展，必须要有与之相匹配的教学、科研理论来指导，要放眼长远，寻求学科的可持续发展之路。

此后，徐如人和同事们精心研究，制定了无机化学重点学科的人才培养目标、研究方向以及课程的设置等。尤其在无机合成化学的教学与理论形成方面取得了

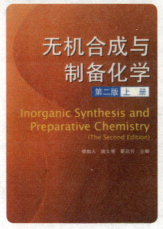
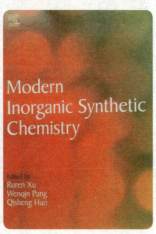

▲ 徐如人、庞文琴编著的《无
机合成与制备化学》系列
著作

重要进步。他从1981年起首次创建开设无机合成化学课程开始，到1991年出版了
由他主编的《无机合成化学》，用了整整十年的时间。这是国内第一本《无机合成
化学》专著，该书的出版标志着他的无机合成化学理论走向成熟。此后，又经过
近十年的实践，徐如人和庞文琴教授于2001年重新主编、修订了此书，将"无机
固体与材料的制备化学"作为重要内容补充进来，并冠以新名《无机合成与制备化
学》。2004年，该书在台湾印刷出版（2015年再版）。2009年该书经大幅更新后出
版了第二版（上、下册），补充了"无机物与材料的组装化学"内容。后来这本书

又进行了多次重印。这些著作的出版为中国无机合成与制备化学学科的建设和提高起到了重要的推广和奠基作用。2011年，国际著名出版社 Elsevier 出版了由徐如人等撰写的英文版 *Modern Inorganic Synthetic Chemistry*，将中国无机合成化学的教学与研究推向了国际。2016年，徐如人又应 Elsevier 出版社力邀出版了该书的第二版，在新版的《绪论》中首次在国际上提出了"现代无机合成化学学科"的科学体系。这些都体现了徐如人在无机合成化学方面杰出的理论成就。

在重点学科建设的同时，徐如人发现，研究工作不能单纯停留在理论上的总结和课本上的编写与讲授上，面对日益国际化的科研环境，如果没有一个适应当前科学研究发展需要的现代化的研究条件支撑，科研人员就不能很好地施展自己的才华，也不能研究出有自己特色的高水平的科研成果。因此，购置科研仪器设备、建立一个高水平的研究平台是当务之急。

其实，建设一个有自己研究特色的实验室的想法，徐如人早在1977年就有了具体的思路。他根据自己下乡和在校办工厂

▲ 1978年，唐敖庆陪同美国加州大学西博格教授参观由徐如人等人建立的分子筛水热合成实验室（右一徐如人，右二唐敖庆，右三西博格）

的生产经历，在当时资金和物质都很匮乏的条件下建立了一个比较简易的分子筛水热合成实验室，并开始全身心投入此方面的研究工作中。

1978年，唐敖庆陪同诺贝尔化学奖得主、著名核化学家、美国加州大学教授西博格率领的美国化学家代表团参观了由徐如人等人刚建立的分子筛水热合成实验室。他的研究工作得到了西博格教授等人的赞赏。

自此，徐如人更加开阔了视野，大胆地进行科研尝试，并对他后来在实验室建设及开展国际合作交流方面起到了积极的促进作用。

20世纪80年代初，徐如人研究小组以发展极端条件下的合成方法为导向，从水热与溶剂热条件下的无机合成研究开始，积极开展科技攻关。在科研实践中，他发现，传统的实验方法无法实现对实验结果的表征和测定，必须借助于专业的仪器设备，否则，下一步的实验就无法开展。但当时，一无设备，二无经费，怎么办？为解决这些问题，他们就积极向上级科技主管部门申请，1984年终于争取到了吉林省科学技术委员会的支持，购买了第一台粉末 XRD 衍射仪。1985年，他们因地制宜，与高分子教研室交换，又引进了第一台 IR 光谱仪，在科研设备的辅助下，他们的研究工作不断走向深入。

随着科研工作的不断进展，他们所遇到的科研问题也越来越多，挑战性越来越强。为解决重大科研问题，徐如人把目光瞄向了更高的标准，想把研究工作做强做大，就要得到国家的支持，到国家层面去立项。在他的努力争取下，国家科

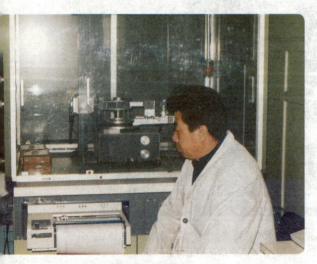

▲ 实验室第一台X光衍射仪

学技术委员会为实验室提供了15万美元的经费支持。他们用这笔钱购买了三件比较正规且先进的水热合成装置，这当时在国内是很少见的。

设备有了，实验室空间却严重不足，原有的实验室已经满足不了现代大型仪器设备的运行要求，改善实验室条件、扩充实验室面积成了燃眉之急。于是，他们又积极向学校和系里领导申请，希望提供实验空间。经校系领导批准，在实验室极其紧张的条件下同意将他们所在的理化实验楼大厅里的两间收发室暂时借给他们用来安置仪器。面积虽然显得局促一些，但总算有了可以施展的空间了。就是在这样简陋的条件下，徐如人小组通过艰苦努力，终于建成了国内第一个高温高压水热合成与测试实验室，并于1991年向国内外开放。该实验室的建立开创了国内第一个水热化学的研究基地，有力地推动了水热合成化学在国内的全面快速推广。

水热合成实验室的成功运行，进一步扩大了无机化学学科在国内的影响力，有效拉动了无机化学学科整体科研水平的提升，为学科下一步的发展奠定了坚实

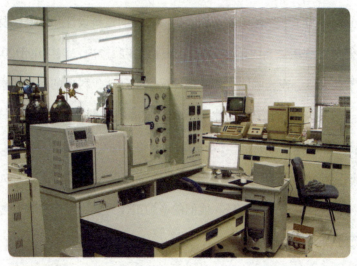

▲ 无机合成与化学制备重点开放实验室

▲ 吉林大学无机水热合成开放研究实验室首届学术委员会会议现场（前排左三为徐如人，
左四为庞文琴）

的基础，提供了有力的条件支撑。

为进一步加强实验室的建设，徐如人、庞文琴和冯守华（徐如人首个博士生，1992年从美国归国回校任教）等人又开始了艰苦卓绝的努力。为支持他们的工作，系里又给他们腾出了一些实验室面积，但实验室的重新设计和装修以及经费来源都需要他们自己解决。当时的实验室设在理化实验楼内，该楼建于20世纪50年代，由于年久失修、设施陈旧，好多条件已达不到现代科研的使用要求。徐如人和同事们一起多渠道申请经费，装修、改造实验室并购买、安装大型合成设备，几乎每天都工作到深夜。经过一年多的时间，终于使实验室建设有了较大的改观。1993年，该实验室晋升为"无机水热合成教育部重点开放实验室"，徐如人任实验室主任，冯守华任实验室副主任。他们的辛勤工作为实验室后来晋升为国家重点实验室奠定了坚实的基础。

在徐如人等人的努力下，无机合成化学的教学、科研工作在国内如火如荼地开展起来，并吸引许多兄弟院校的同行前来学习、参观或者进修。作为一个新兴的学科，无机合成化学的发展体现出了强劲的生命力和远大的发展前景。

1994年，徐如人联合中国科学院倪嘉缵、陆熙炎、戴立信三位院士与吴毓林研究员向科技部和教育部递交了"现代合成化学的前沿研究"——国家"九五"重大基础项目建议书，建议书中详细阐明了现代合成化学前沿研究的重要意义、国外合成化学的发展动向、我国合成化学的现状及差距、合成化学若干前沿课题等。他们的建议得到了国家科技部门的高度重视，继而加大了对合成化学研究的关注和投入力度。

为进一步顺应合成化学的发展方向，1999年，"无机水热合成教育部重点开放实验室"改名为"无机合成与制备化学教育部重点开放实验室"。同年7月，在第二届全国实验室评估中，该实验室被评为全国优秀实验室，在无机化学领域排名第一。当时参评的共有29个国家重点和部门开放实验室，化学学科领域被评为优秀的仅有5家。这些成就的取得使"无机合成与制备化学教育部重点开放实验室"

▲ 1993年5月，无机水热合成教育部重点开放实验室在吉林大学成立时学术委员会成员合影

111

▲ 国际著名分子筛化学家E.Flanigen率团参观无机水热合成教育部重点开放实验室后合影

三、唐敖庆、唐有祺等八位院士关于组建无机合成与制备化学国家重点实验室的建议

国家科技部基础司、国家教育部科技司、国家基金委重点实验室办公室：

现代社会的衣、食、住、行以及人类的保健、生存环境的保护与改善以至国家安全的保障无不与化学工业及材料科的制造史是超着关键的作用。从科学发展的角度来看，合成化学也正是化学学科的核心，是化学家于改造世界，创造社会未来最有力的手段。二百年来化学家不改应理和合成了众多天然存在的化合物，使得人类社会所有的化合物已这一十二百万多，其中不可已发表展为人们生产、生活所必不可少的材料。随着21世纪的物质和社会高科技的迅猛发展，越来越多去合成化学家能够生多地提供新型结构和新型功能的化合物，同时也不断的摸出如何能更专一地、高效地和经济地合成得到现今十分方用的化学品的研究课题。绿色合成工艺的基础性研究也已提到日程，这都是新世纪社会经济持续迅速发展的一个重要条件。

唐敖庆　唐有祺　徐光宪
郭景坤　徐僖　蒋民华
徐光宪　张存浩

建议人通讯地址

唐敖庆　国家自然科学基金名誉主任 (100083)，院士
唐有祺　国家教委科技委主任 (北大化学系 100871)，院士
蒋民华　晶体材料国家重点实验室主任 (山东大学 250100)，院士
郭景坤　高性能陶瓷及超微结构国家重点实验室主任 (上海硅酸盐研究所 200050)，院士
徐　僖　高分子材料工程国家重点实验室 (成都科大 610065)；精细化工国家重点实验室 (大连理工大学)；阻燃材料国家重点实验室 (北京理工大学) 学术委员会主任，院士
严东生　中国科学院顾问 (100864)，"纳米材料科学" 攀登项目首席科学家，院士
徐光宪　稀土科学与应用国家重点实验室学术委员会主任 (北京大学 100871) "稀土科学基础研究" 攀登项目首席科学家，院士
张存浩　国家自然科学基金委主任 (100083)，院士

▲ 八位院士提交的建议书

的发展得到了越来越多的关注和重视，其学术地位和社会影响在国内也开始声名鹊起，人气攀升。

实验室平台的建立，大大改善了实验条件，提升了科研能力和水平，吸引了更多优秀人才来此工作，实验室规模日益壮大，教学和科研成就日益显著，向更高的层次迈进的构想日趋成熟。

1999年，唐敖庆、唐有祺、严东生、徐光宪、张存浩、徐僖、蒋民华、郭景坤八位院士联名向科技部、教育部和国家基

金委上书，建议组建无机合成与制备化学国家重点实验室。

2001年5月30日，经过专家组严格评审，科技部正式批准在吉林大学成立"无机合成与制备化学国家重点实验室"。在徐如人的推荐下，冯守华任实验室主任，聘请倪嘉缵院士任学术委员会主任，他本人任学术委员会副主任。

从1991年年初建高温高压水热合成与测试实验室开始，到2001年，徐如人及其科研团队用了十年的时间，把一个名不见经传的化学实验室建设成为国家重点实验室。这是一项很了不起的成就，这里，洒下了他们艰苦创业的汗水，彰显了他们在科研道路上不畏艰难、努力求索、甘于奉献的品质。这就是徐如人这一代科研工作者所具有的创业精神。

2000年6月，是吉林大学发展史上一个不平凡的时期，在教育部的领导下，由吉林大学、吉林工业大学、白求恩医科大学、长春科技大学、长春邮电学院五

▲ 2001年5月，吉林大学举行无机合成与制备化学国家重点实验室揭牌仪式（左起：薛亦深、丁世海、于吉红、付国良、冯守华、徐如人、刘淑莹、庞文琴、吴通好、李连生、徐翊华、肖丰收、程树海）

▲ 2000年6月12日五校合并大会

所高校合并组建成新的吉林大学。2001年5月，合并后的吉林大学进行院系整合，由原来五校的化学及相关学科组成了新的化学学科，化学系更名为化学学院。

合校以后，化学学科规模空前壮大。为适应学科和实验室未来发展要求，徐如人、沈家骢和冯守华等人开始筹划、设计建设新的实验大楼方案。经过与学校的多轮申请和论证，他们的方案得到批准。2004年，建筑面积2万多平方米的无机合成与超分子实验大楼在吉林大学新校区正式落成，大楼为无机合成与制备化学国家重点实验室和超分子结构与材料教育部重点实验室共同使用，成为当时国内设计新颖、设施先进、功能齐全的现代化实验楼宇。该实验楼的落成，实现了无机合成与制备化学国家重点实验室硬件条件的全面更新升级，标志着实验室的发展进入了一个新的阶段，同时，也为三年后超分子结构与材料教育部重点实

▲ 2004年，新落成的重点实验室大楼投入使用

室晋升为国家重点实验室创造了条件。

2007年5月20日，科技日报的记者对无机合成与制备化学国家重点实验室进行了一次专访，并在5月30日的科技日报"发现·探索"栏目进行了整版报道。

在这篇报道中，记者就实验室的环境、研究方向、实验室研究队伍、所取得的成果、在国内国外的地位影响等方面进行了比较全面的报道，有力地宣传了该实验室，字里行间中也彰显了徐如人作为实验室的创建者所做出的卓越贡献。

2004年9月，吉林大学特聘教授，2000年诺贝尔化学奖得主艾伦·G.麦克德尔米德到吉林大学做学术报告时曾发表过"科学是人"的论断，一语道破了在现代科学研究工作中人的主体地位。毋庸置疑，人才队伍建设是科教事业的第一资本，事实证明，任何一个教学科研单位，如果没有学术领军人，没有一支精湛的教师队伍，就不可能做出一流的成绩，培养出一流德才兼备的人才。

作为一名成熟的科学家，徐如人深谙其中道理。长期以来，他精心致力于人才培养工作，滋兰树蕙，甘当人梯，为此倾注了大量心血。他的人才培养思想于1952年成为一名教师时开始，到走上讲台，为学生传授专业知识时建立雏形；到1978年他被评为副教授，并开始招收首届研究生时得到提高；再到1984年他被评为博士生导师时趋于成熟。他的人才培养思想受顾翼东、关实之、唐敖庆等人的影响较大。因此，他的育人风格中有顾翼东的严谨，关实之的多能，唐敖庆的魄力。

1991年，徐如人当选为中国科学院院士，这使他在人才培养工作的层次和水平上有了更大的提高。接下来的20多年里，在他和庞文琴教授等人的共同努力下，为无机化学学科成功培育出了一支思想活跃、视野开阔、学术精湛、能打硬仗、年富

▲ 冯守华院士工作照

力强的研究队伍，成为学科发展强有力的生力军。

下面仅介绍其中的几位便可见一斑：

冯守华，现任吉林大学化学学院教授，博士生导师，2005年当选中国科学院院士。1975年考入吉林大学化学系，1980年师从徐如人开始攻读研究生，1986年获得理学博士学位，他是徐如人院士的第一位博士研究生。曾任吉林大学化学学院院长，无机合成与制备化学国家重点实验室主任，是首届国家杰出青年科学基金获得者、首批教育部长江学者奖励计划特聘教授，兼任教育部科学技术委员会委员，中国化学会常务理事、副秘书长，*Mater Res Bull* 副主编，*Journal of Nanoscience and Nanotechnology* 编委，《中国科学》编委和《无机化学学报》副主编。

于吉红，现任吉林大学化学学院教授，博士生导师。1985—1995年在吉林大学化学系分别获得学士、硕士、博士学位，师从徐如人；1995年博士毕业后留校

▲ 于吉红院士

▲ 赵东元院士与徐如人夫妇合影

任教；1996—1998年先后在香港科技大学化学系和日本东北大学物理系做博士后研究；1999年晋升为教授；2001年被聘为博士生导师，同年获得国家杰出青年基金；2004年受邀成为瑞典斯德哥尔摩大学客座教授；2007年受聘为教育部长江学者特聘教授；2011年担任国家"973"计划首席科学家；2014年入选国家百千万人才工程人员名单，同时获得"有突出贡献中青年专家"荣誉称号；2015年当选中国科学院院士；2016年当选为发展中国家科学院院士。

赵东元，现任复旦大学化学系教授、博士生导师，复旦大学先进材料实验室主任。1984年赵东元毕业于吉林大学化学系；1987年、1990年先后获该校硕士、博士学位；1990年博士毕业后进入沈阳化工学院精细化工系任教，先后担任讲师、副教授；1993年开始先后在以色列魏茨曼科学研究所化学物理系、美国休斯敦大学化学系、美国加州大学圣芭芭拉分校材料系和化学系材料研究室从事博士后研究；1998年12月回国后进入复旦大学化学系任教，同年获得国家杰出青年科学基金资助；2005年作为学术带头人获得国家自然科学基金委员会创新研究群体基金；2006年入选新世纪百千万人才工程国家级人选；2007年当选为中国科学院院士；2010年当选为第三世界科学院院士；2017年获得第一届中国分子筛成就奖。

上述几人都是徐如人亲手培养起来的年轻科学家，在同行中称得上是佼佼者，在各自的研究领域承担着国家级重要研究课题，并取得了许多令人瞩目的成绩。在教学科研实践中，他们同样传承了徐如人的人才培养理念，培养了更多的年轻有为的专业人才，并形成了队伍梯队，储蓄了学科后续发展力量。

在培养好自身的人才、巩固现有研究工作的基础上，为进一步完善和拓展实验室的研究功能，徐如人开始着眼于从国外引进人才，开设新的研究方向。在他的感召下，2000年以后，实验室引进的年轻人才逐年增加，研究队伍不断充实和更新，研究方向不断丰富和拓展。目前在岗的研究人员中，几乎一半是"海归"，80%以上具有博士学位。

随着实验室功能的不断完善，人才队伍的不断壮大，该实验室逐渐发展成为

▲ 实验室长江学者创新团队

▲ 2008年，首届吉林大学化学学院杰出毕业生学术研讨会现场

中国无机合成与制备化学科研与人才培养的重要基地，发挥的作用日益显著。同时，国家加强了对全国高校和研究院所的无机合成研究的扶持力度，加大了经费与装备的投入，这一举措大力推动了现代无机合成化学的快速发展与进步，催生了许多丰硕的科研成果。

在徐如人的带领下，实验室形成了宽松的工作环境、和谐的人文气氛、严谨的科学作风、务实的研究态度、浓郁的学术氛围，开创了严谨而不拘束、继承而不守旧、开放而不效仿的工作局面，从而使吉林大学无机化学学科人才辈出，在国际学术界发挥着越来越重要的作用和影响。

20世纪80年代开始，随着中国改革开放的不断开展，科技教育界的改革也随之展开，尊重知识、尊重人才之风蔚然兴起。徐如人开始全身心地投入教学、科研工作中。他需要大干一场，力争使无机化学学科跻身发展的快车道，与国内其他科研单位处于优势地位的相关学科比肩，最终实现赶超。但是，由于无机化学学科起步较晚，师资力量相对薄弱，条件落后，这些都是制约学科发展的主要因素。尤其是改革开放以后，南北方的经济形势发生了较大的逆转，南方的经济迅速崛起，北方则相对落后，这一现实问题也影响到了高校的办学，表现最为明显的现象就是人才流失严重。

关于化学系师资队伍建设，徐如人曾在回忆录中写道："改革开放以后，无机教研室教师中出现了'孔雀东南飞'现象，导致人员流失近30人，这个数目已超过当时教研室的在职教师。在这种情况下，更加促使我们考虑并大力进行学科建设与人才培养，希望形成自己的特色，且对无机化学以至国家材料科学的发展提供人才支撑。特别要加大力度，尽力抓好对年轻人的提高培养工作。"

徐如人的这段叙述是比较准确和现实的，从中可以看出，师资队伍建设确实成为当时化学系的一个当务之急，也是影响事业发展的一个重要因素。此外，长春的地理位置、经济水平、气候条件等客观因素，对于吸引人才不利。要造就一支比较优秀并热爱科学与团结敬业的队伍，对事业上的发展和扩大来说，是特别重要且困难很大的战略任务。因而，徐如人对培养与提高年轻教师与研究生的工作特别重视，一直花费很大的心血。通过几十年的努力，在教师大量流失的同时，他只能立足于加强本校与本地区研究生与年轻教师的培养工作。这虽然有"近亲繁殖"的不利之处，然而，他也采取一定的措施进行了改变，比如让他们多出国进行国际学术交流等，尽可能地让他们更新观念，广泛获得知识与能力。

对此，徐如人全力实施了以下做法。

1. 关于年轻教师的提高

在这方面，徐如人认为，最重要的如何创造条件，使这些中、青年教师尽快成长与成熟起来。他的做法是要求老师在承担教学任务的同时，积极开展适当的科研工作，即"教研相长"。例如安排他们协助带研究生、本科生毕业论文，尽量创造机会让他们参与国内的学术交流活动，并结合室内研究的大方向，开始各自的科研题目。

2. 关于博士生的培养

1984年，无机化学学科被评上博士点，徐如人开始招收博士研究生。他一般每届招收1～2名博士研究生，这是他根据自己的学术能力与精力决定的。他认为，培养博士研究生重在相互交流学术思想，所谓"指导"，实际上指的是从学术思想上指导，让学生懂得自己从事的研究工作的科学意义，明确科学问题的所在，以及解决科学问题的途径与方法。这只能从多次的科学思想交流和与他们多次讨论来解决，让他们懂得做科研工作的方法与提高科研工作的能力。

3．切合实际，因材施教

2000 年以后的十年多时间里，根据大学教学与研究生培养方面的经历和经验，徐如人比较注意了解与观察东北地区学生的特点，并经常与南方的学生做比较。他认为，对学生特点了解越多，越有利于因材施教。另外，在教学体制上，要打破原有的偏重于基础教育的做法，教学工作与研究工作要做到紧密结合，以达到"两手抓，两手都要硬"的水平。要破除硕士研究生知识"不硕"，博士研究生知识"不博"的短板。所以，他在亲自带博士研究生学习与开展研究工作时，在选题上注意进行学科交叉。他认为跨学科的交叉研究是科研发展的必然，最重要的是对交叉学科相关知识应有较深入的了解。同时，他特别重视跨学科的联合培养以及出国交流，注重创造条件让研究生们加深了解与总结有关学科领域的国际前沿与进展，扩大知识面并提高总结、分析知识的能力。

▲ 徐如人与课题组青年教师和研究生合影

▲ 于吉红与徐如人合影

4.注重选材，坚持标准

徐如人重视对研究生的选才工作，对不努力、不合格学生进行必要的处罚。他自己带的博士研究生中就有四位因为工作不尽人意而没有拿到学位。在这点上，徐如人始终坚持原则，从不松懈。

徐如人平时待人温和，没有架子，生活上也不挑剔，但是在对学生的培养上从不打折扣。正因为他的严格与坚持，保证了无机化学学科人才培养的质量。徐如人培养的学生，不论是出去工作的，还是留下来和他一起共事的，基本上都成了单位的骨干，在教学、科研领域传承着吉林大学化学的优良传统，在教学、科研第一线起着引领和带头作用。

5. 注重人才引进

在引进人才工作上，徐如人十分注重感情投入，尊重人才，尊重他们的个性，使他们充分发挥出创造性的劳动。他有爱才之心、求才之诚、识才之方、容才之量，积极为他们解决工作、学习和生活上的困难，努力营造人尽其才、公平竞争、鼓励创新的宽松和谐的人文环境，并且从各方面为他们的成长创造条件。

对于徐如人的爱才之心，他的学生于吉红体会最深。于吉红师从徐如人教授，工作后留在徐如人课题组工作，深得徐如人的言传身教。她对徐如人的教书育人之道、科学研究之风、做人做事的品行感同身受，也是徐氏教学、科研理念的传承者。

对于吉红来说，徐如人可以说是亦师亦父。每当她觉得身体不舒服时，徐如人就会从家给她带很多药来，家里有什么好吃的，也给她带过来。

▲ 徐如人与青年教师在李子树下交流

　　徐如人家楼下有个小院儿，面积不大，内植两棵李树。每到春天，院子里的李树便早早地开了花，一树树洁白的花朵释放出沁人心脾的芳香，学生们到徐如人家串门儿时总要在树下驻足、欣赏花的芬芳。每当李子成熟的时候，徐如人就会召集弟子们到家里去吃李子，他坐在树下的石桌前热情地招呼大家，脸上洋溢着可亲的笑容。学生们把这项活动亲切地称作徐老师家的"李子宴"。那种喜悦，是一种难得的享受。

第二十一章

著书立说

21世纪初期，经过了半个世纪的耕耘奋斗，徐如人把一个名不见经传的弱小学科发展成为国家重点学科，并创建了一个国家重点实验室。他领导的团队连续承担了三届国家重大科研项目，取得了一系列重要科研成果，培养了一大批高水平的科技人才。

▲ 徐如人1995年获得何梁何利科技进步奖

时光飞逝，如驹过隙，此时的徐如人已年逾古稀，不能再像年轻人那样冲锋陷阵，应该把学科发展的重任交到年轻一代身上了。基于这些考虑，他开始逐渐把自己工作的重心从教学科研与研究生的培养工作转到学术著作的编著中。

从徐如人的著述经历来看，从20世纪80年代初期开始，他在吉林大学化学系首次将无机合成化学搬上课堂，当时用了近2年的时间，撰写了该课程的讲义。在教学实践中，他一边与学生进行交流互动，感受课堂教学效果，一边向高校的老师与专

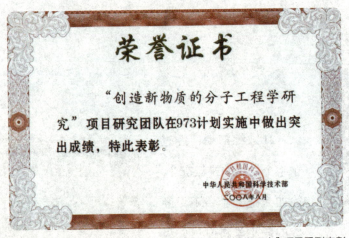

▲ 2008年，徐如人领导的"创造新物质的分子工程学研究"项目受到表彰

家征求意见，对讲义进行反复修改。经过十年左右的修改、补充与完善，1991年，他撰写的《无机合成化学》教材由高等教育出版社出版发行，这是国内首部无机合成化学方面的著作，该书的出版实现了他在无机合成化学领域的教研工作从初创到实践探索、从不断完善到理论的日趋成熟并最终建立了一个全新学科体系的构想。

随着研究工作的不断推进，2001年，徐如人与庞文琴教授修改了无机合成化学学科的体系，并大幅更新与补充了知识内容，特别是增加了制备路线与方法的化学内容，主编了《无机合成与制备化学》（第一版），由高等教育出版社出版。2009年，他们又在大量充实、更新内容以及补充了组装与自组装路线的基础上，出版了第二版《无机合成与制备化学》。2011年和2017年，徐如人和庞文琴又撰写了 *Modern Inorganic Synthetic Chemistry* 第一版和第二版，将无机合成化学这一体系推向了国际。

抱着同样的思路，徐如人将1987年撰写的《沸石分子筛的结构与合成》一书，在仔细总结、修改与更新内容的基础上，2004年与2015年由科学出版社出版了《分子筛与多孔材料化学》第一版和第二版，并在2007年由 John Willey & Sons 公司出版了 *Chemistry of Zeolites and Related Porous Materials* 一书，再一次将他们团队的研究工作与本研究领域的前沿成果推向了国际。

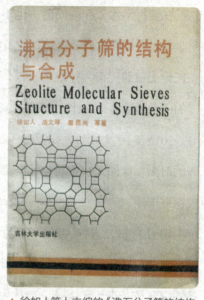

▲ 徐如人等人主编的《沸石分子筛的结构与合成》

徐如人在做科学研究方面埋头坚持，格物穷理；在著述方面亦潜心归纳，集章成卷。20多年来，他一直潜心著书，每天都要花四五个小时写稿。他不习惯用电脑打字，一直用手写。他的愿望就是把自己积累的教学经验和科学知识传递给后人。每当出版社约稿或要求再版时，徐如人都尽量满足。即便再苦再累，能够为后人提供知识需求，他就感到十分值得。

▲ 徐如人等人所著系列丛书

在撰写学术著作的同时，也不断提高了徐如人团队对该学科的全面认识与对科学前沿、研究方向及突破口的了解。他们通过归纳总结，去粗取精，去伪存真，在理论上日臻完善，并编著了以"无机合成化学"和"分子筛化学"为主要专业内容的一系列论著，总计有16套之多。

2016年10月11日，是徐如人到吉林大学工作的第65个年头，为纪念这一特殊的时刻，徐如人决定将自己与妻子庞文琴教授以及他们子女所有著述捐赠给学校图书馆。

10月11日，吉林大学隆重举行了"著书立说，传道如人"——徐如人院士、庞文琴教授、徐鹰教授、徐雁教授学术著作捐赠仪式。仪式上，受学校党委书记杨振斌、校长李元元委托，吉林大学常务副校长邴正教授代表学校接受了徐如人院士全家向吉林大学图书馆捐赠的分子筛与多孔材料化学、无机合成与制备化学、生命信息学等领域的28本专著，并为徐如人院士颁发了捐赠证书。

▲ 徐如人在捐赠仪式上讲话

▲ 徐如人全家捐赠的部分图书样本

徐如人在捐赠仪式上表达了全家对吉林大学的深厚情感。他之所以把捐赠仪式选定在10月11日，是因为64年前的10月11日，他从上海来到长春，正式成为吉林大学的一名化学教师。64年后的今天，他把全家人的科研心血捐赠给学校，是对吉林大学的回报。他还同与会师生分享了作为一名教师的思想感悟：要把教学、研究、培养人才作为三个核心任务完成好，并鼓励青年师生珍惜现在良好的社会环境和教学科研条件，潜心钻研，不断进取。

▲ 捐赠证书

徐如人在自己的一篇回忆录中写道："在我的一生中，最幸运的是有一位与我半世纪风雨同舟、五十年相濡以沫的妻子，以及一个十分融洽与幸福的家庭。如果说在我的一生中对事业、对学校以及对国家做出了一点成绩与贡献的话，庞文琴给我的帮助和支持是最大的。"

从1960年徐如人和庞文琴在长春举行婚礼起，风风雨雨的56年中，他们同甘共苦，相濡以沫。1960—1970年，他们的三个子女相继出生，他们给孩子起名为"鹰""雁""鸿"，希望孩子们将来能够有远大志向，展翅高飞。孩子们从小便养成了朴

▲ 20世纪90年代徐如人与妻子庞文琴在美国访问讲学期间郊游时合影

▲ 2000年徐如人与妻子庞文琴在长白山天池合影

素、低调、自强不息、努力进取的性格。长大后均学有所成，工作上出类拔萃。受父母的影响，他们内心始终怀着浓厚的家国情怀，孝顺父母，积极报效母校与祖国。

▲ 长子徐鹰工作照

长子徐鹰长期在美国佐治亚大学任讲座教授，是该校生命信息学研究所首任所长，20世纪90年代受聘于母校吉林大学任兼职教授。在他的倡导下，成立了两校合作的生命信息学研究中心。后又受聘国家"千人计划"特聘教授（B类）。长期主持"龙星计划——生物信息学"讲座和由他等人发起的肿瘤系统生物学国际研讨会。长女徐雁为照顾父母，2010年辞去新加坡的工作，回母校吉林大学化学学院任教，并被聘为吉林大学唐敖庆特聘教授。小女徐鸿在新加坡任高级会计师。

1977年，徐如人恢复教师岗位后，考虑到徐如人和庞文琴等人的工作业绩，1978年，系里决定提拔包括他们夫妻俩在内的12位讲师为副教授。这一决定主要是为了下一步系里招收研究生做准备。为做好这项工作，徐如人开始研究以松花江沿岸盛产的江浮石为原料，协助德惠县化工厂进行A型与八面沸石分子筛的生产，而庞文琴开展的是与一汽合作的"分子筛型选择性红外辐射材料"的研究，他们的工作开展得很有成效，并在1978年和1979年分别发表了相关论文。

▲ 长女徐雁工作照

▲ 小女徐鸿工作照

1979年起，徐如人和庞文琴等人在校内率先开展与国外大学进行的学术交流活动，聘请德国汉堡大学物理化学研究所的汉斯·莱歇特教授等国外专家来校讲学。在汉斯·莱歇特教授的指导下，他们在分子筛专业方面开展了连续三年的系统授课与研究工作，比较全面地了解了本领域在国际上的科学前沿与动态，并在此基础上经过缜密的研究和探讨，选择了当时在催化领域极具发展前景的分子筛型催化材料作为研究对象。为提高工作效率，他们俩分工合作：庞文琴以"杂原子分子筛"的研究为主攻方向，徐如人以"分子筛晶化机理"与"新型分子筛的合成"为主攻方向。为尽早实现科研上的突破，他们带领研究生拼命工作，努力赶超该领域的科学前沿，力求有所创新，为国家石化工业与精细化工催化材料的应用基础研究做出贡献。

通过五年多的努力奋斗，徐如人和庞文琴在分子筛合成领域做了很多前沿性的工作。

1984年，受南斯拉夫国际分子筛会议邀请，徐如人在大会上做了由他们夫妇合作撰写的大会特邀报告，将他们的研究工作推向了国际学术界。会后，他们积极与各国参会专家交流探讨，并应邀访问了南斯拉夫的相关大学与研究单位，建立了更为广泛的国际合作关系。

1984—1985年，庞文琴到日本大阪大学与Koizumi教授进行合作研究。1986年，徐如人和庞文琴到日本东京参加了第七届国际分子筛大会，并分别在会上做了学术报告。此后，徐如人夫妇及其研究组作为中国分子筛研究的一支生力军连续参加了每年的国际分子筛大会。他们的研究工作越来越得到国际同行的重视，并逐步形成了自己的特色，他们出色的表现被国际分子筛学界尊称为"Jilin Group"。

2007年，在北京举办的第十五届国际分子筛大会上报告了徐如人夫妇及其课题组在分子筛化学方面的前沿研究，这标志着他们的工作已处于国际领先水平。

同时，他们在研究过程中不断总结、提高，丰富理论，著书立说，在"分子筛化学"和"无机合成化学"领域逐渐形成了独特的知识体系。

1984年，国家批准无机化学学科成立博士点。随后，徐如人和庞文琴分别于

▶ 1986年8月，徐如人夫妇参加在日本东京召开的第七届国际分子筛大会时的合影

▲ 1994年7月，徐如人在第十届国际分子筛大会上做报告

▲ 2001年7月，庞文琴在第十三届国际分子筛大会上做报告

▲ 2007年，徐如人作为大会主席在第十五届国际分子筛大会上致开幕辞

1984年和1986年被国务院学位委员会化学学科评议组聘为博士生导师。作为国评博士生导师，这在当时是令人景仰的头衔，因为这不仅是一个人学术水平的象征，也是科研实力的体现。但徐如人夫妇不图虚名，积极把更多务实的举措落实到实际工作中。为当好博士生导师，培养优秀的学生，创造出一流的成果，他们对科研的标准定位更高了，对学生的要求更加严格了，因此也带出来一批优秀的博士研究生。例如，在徐如人名

▲ 徐如人与弟子们参加第十五届国际分子筛大会时的合影（左起：李激扬、于吉红、霍启生、肖丰收、冯守华、徐如人、刘新生、李舒、陈接胜、闫文付）

▲ 庞文琴（前排中）与弟子们参加第十五届国际分子筛大会时的合影
（后排左起：岳勇、杜红宾、裘式纶、孟宪平、刘云凌）

下的有冯守华、宋天佑、陈接胜、于吉红、肖丰收等，庞文琴名下的有裘式纶、岳勇、孟宪平、杜红宾、孟长功等。他们都在各自的工作岗位上做出了出色的成绩，成为同行中的佼佼者。

在徐如人夫妇的带领下，吉林大学无机化学学科人才辈出，成果丰硕。1987年，无机化学学科被评为国家重点学科；2001年，无机合成与制备化学实验室被评为国家重点实验

▲ 徐如人当选为中国科学院院士证书

室，科研工作连续获得四次国家自然科学奖等；1991年，徐如人被遴选为中国科学院院士；2001年，庞文琴被评为吉林省首届"十大女杰"。

随着年龄的增长，两个人的身体均出现了一些状况。2004—2011年，徐如人夫妇因身体原因各做了三次手术，相互照顾便成了他们这些年的主要生活。尤其是2011年，庞文琴做完膝关节置换手术后，她的两条腿行动不便，特别是上下楼梯十分费力。为此，徐如人便在家中安装了一个座椅式的轨道电梯，解决了庞文琴上下楼的问题。为了帮助妻子康复，徐如人每天定时搀扶妻子出去散步，从未间断。以前他们大多数时间都在忙工作，很少有大块的时间在一起相守。通过病榻相依，使他们有了更多相处的时间，感情也得到了升华。

2010年1月11日，是徐如人夫妇结婚50周年的日子。结婚50年，民间称之为"金婚"，孩子们特地为他们举行

▲ 2013年3月，庞文琴获得吉林省首届"十大女杰"称号

▲ 1987—2012年，徐如人课题组获得的国家自然科学奖证书

了纪念活动，以示祝贺。

2012年9月，恰逢吉林大学化学学科创建60周年，同时也是徐如人和庞文琴来校工作60年。学校在庆祝大会上对徐如人进行了表彰，并授予"桃李满园"牌匾。同时，在众多弟子的筹措下，专门为徐如人夫妇召开了一次执教60周年和80华诞的纪念活动。学生代表李守贵、孟宪平为他们敬献了"厚德载物，桃李成春"的书法横幅，以彰显他们执教六十年的光辉业绩。

▲ 2007年徐如人与妻子庞文琴在病榻前合影

▲ 2010年，徐如人与妻子庞文琴在浙江三江口合影

▲ 徐如人夫妇金婚全家合影

▲ 在吉林大学化学学科创建六十年纪念大会上徐如人（中）被授予"桃李满园"牌匾（左为
霍启升教授，右为冯守华院士）

▲ 在徐如人执教六十年学术活动上，学生为他敬献的"厚德载物、桃李成春"条幅

　　徐如人院士虽然人生一度坎坷，但他通过个人不懈的拼搏奋斗，历尽艰辛，苦尽甘来，在事业上取得了辉煌的成就，这是他事业上的成功。同时，他有一个志同道合、甘苦与共、相濡以沫的妻子以及三个成才的子女，有一个和睦、温馨而幸福的家庭，这是他生活上的成功。尤其是他和妻子庞文琴相识于建系之初，结合于20世纪60年代，他们既是一对知识伉俪，又是一对事业上亲密合作的战友，他们一生相依相伴，艰苦创业，半世纪风雨同舟，五十载相濡以沫的真挚情怀使他们取得了事业家庭的双丰收，堪为后人学习的楷模。

徐如人的晚年，家庭和睦，子女孝悌，可谓幸福美满。不幸的是，2016年11月2日，他的妻子庞文琴因病去世。妻子的离世，对徐如人精神上的打击非常大，他们一辈子相依相扶，风雨同舟，患难与共。妻子不仅是他事业上最贴心的依靠，更是他情感的重要寄托，他许久才从悲痛中走出来。

俗话说"老伴儿、老伴儿，老来相伴"，对于这样一对感情至深的夫妻，现在阴阳相隔，内心的伤痛无以言表。儿女们和同事一时也不知道怎样安慰徐如人。但作为科学家的他，既有常人的悲痛之情，又能够理性看待人的生老病死。所以，他努力克制自己，尽快从悲痛中走出来，同时，他也做出了一个令所有人都肃然起敬的决定：他要把自己和妻子一生的积蓄约500万元全部捐赠给学校，设立"庞文琴—徐如人无机合成前沿"教育基金，他之前就和妻子商量好，待他们百年之后，设此基金，以奖掖那些在科教事业上出色的晚辈后学们。

捐赠前距500万元还差一点钱，徐如人专门打电话到学校财务部门询问他当月的工资及院士津贴的发放情况，他要尽快筹够这笔钱，好让这个愿望启动。

2017年9月16日，在吉林大学校庆活动上，徐如人委托女儿徐雁以他和庞文琴教授的名义向学校捐赠500万元人民币设立"庞—徐无机合成化学基金"，用以支持无机合成化学学科的建设发展。徐如人的义举在学校和社会引起了很大的轰动。他曾对我们说，虽然他的父辈做过高官，但属于他们自己的家产是房无一间、地无一垄，新中国成立后，他和弟弟又把所有的家什都捐给

▲ 捐赠纪念牌匾

了国家。这次，他要搞裸捐，把他和妻子的全部积蓄捐给学校，以报国家和社会的养育之德。

裸捐！其实，徐如人捐赠的不仅是他一生的积蓄，他何尝不是把自己的一生都献给了国家。

▲ 2019年6月，首届庞文琴奖学金、合成化学新秀奖颁奖典礼师生合影

徐如人的事迹感动了许多人，《科技日报》、吉林卫视、《新文化报》等媒体先后报道了徐如人的事迹。2019年2月24日，徐如人被评为第16届"2018年感动吉林年度人物"，并荣获"吉林好人标兵"称号。2019年4月25日，徐如人被授予第八届吉林省道德模范。

▲ 2019年2月，徐如人被评为2018年感动吉林年度人物

吉林大学化学学院2020年新生开学典礼暨"庞文琴奖学金"颁奖仪式

▲ 2020年10月，吉林大学化学学院举行庞文琴奖学金颁奖仪式

第二十四章　夕阳未老

徐如人是吉林大学化学学科的创建者之一，也是无机合成与制备化学国家重点实验室的缔造者与设计师，在教学、科研领域取得了成就，但他从不炫耀，更多的时间是用于潜心著述，总结他一生的教学、科研感悟，很少去指导实验室的具体工作。他说："年轻人已经成长起来了，他们有自己的思维特点和工作方式，应该放手让他们去独立干事立业和锻炼，老经验往往指导不了新实践，不要影响他们的创新思路。"但是对于年轻人的求教，徐如人总是耐心指导，不厌其烦，帮助他们修改论文、

▲ 90岁高龄的徐如人每天坚持与年轻教师和学院工作人员探讨问题

设计方向，尽心竭力为年轻人成长创造条件。

徐如人一生淡泊名利，在他的大脑中，仿佛装的都是实验数据、科研思想、教育理念和为师之道。他的勤奋不仅使他自己成长为学界的参天大树，同时，他也培育出了许多栋梁之材。在徐如人心中，地域环境、经济条件只是外在因素，只要怀着一颗献身科教、潜心培育桃李的初心，在哪里都会结出硕果。如果说每个人的成功都有秘诀的话，这就是徐如人的秘诀。

如今，在徐如人的身上，这种精神一直在延续，他每天仍在伏案耕耘，埋头总结自己的工作感悟。他在85岁高龄之际，还应荷兰 Elsevier 出版集团约稿，在女儿徐雁的协助下，出版了科学巨著《现代无机合成化学》（英文版），全书800多页，书中的每个单词他都逐一审阅过。当向同行们介绍这本书时，他抚摸着桌上厚厚的一摞新出版的论著，兴奋之情溢于言表。

2016年9月16日，在吉林大学建校七十周年庆祝大会上，徐如人被授予"吉林大学终身成就奖"。2017年10月25日，在第十九届全国分子筛大会上，徐如人被中国化学会分子筛专业委员会授予首届"中国分子筛终身成就奖"。2018年7月

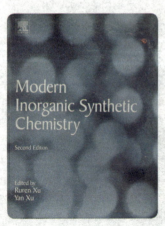

▲ 徐如人和女儿徐雁编著的《现代无机合成化学》（英文版）

▲ 2016年9月16日，在吉林大学建校七十周年
庆祝大会上，徐如人被授予"吉林大学终身
成就奖"

▲ 2017年10月25日，在第十九届全国分子筛大会
上，徐如人被中国化学会分子筛专业委员会授
予首届"中国分子筛终身成就奖"

20日，他积极响应国家政策，光荣退休。但是，他思考科学问题，开创新的研究领域并没有停止。耄耋之年的他一直考虑如何推动学界对"凝聚态化学"研究的重视。为此，《国家科学评论》（*National Science Review*）还邀请他撰写了一篇社论，这是中国人在国际上首次提出建设"凝聚态化学学科"的倡议，在学界引起了强烈的反响和关注。接着，他积极着手与生物化学家、凝聚态物理学家和中青年无机材料化学家合作，开展了广泛的讨论和研究，取得了一些新的进展和共识。2019年3月，他又应《国家科学评论》之邀写了一篇题为《凝聚态化学：从无机材料到生物体》的展望。10月8日，在徐如人的倡导下，在长春召开了第一届"凝聚态化学建设研讨会"，国内高校和科研院所近100人参加了会议，10位专家在会上做了报告。会议研讨内容还在《化学进展》上出版了"凝聚态化学专辑"。以液态中的化学为主的第二届"凝聚态化学研讨会"正在有序筹措中，徐如人也把尽力推动"凝聚态化学学科"的建设作为他晚年的一项事业。

　　2010年，在国务院的批示下，国家科教领导小组启动了"老科学家学术成长

▲ 2019年10月8日，在徐如人的倡导下，在长春召开了第一届"凝聚态化学建设研讨会"

▲ 2020年8月，《化学进展》刊载了徐如人等人的"凝聚态化学专辑"

资料采集工程"。徐如人成为吉林大学承接的第一位采集对象。2015年7月，"徐如人学术成长资料"采集工作正式启动。在采集小组的努力工作和徐如人的积极配合下，采集工作顺利开展并如期结题。2021年3月16日，恰逢徐如人90寿辰之际，《景行如人：徐如人传》正式出版

▲ 2021年3月,《景行如人：徐如人传》正式出版发行

▲ 2021年3月,吉林大学党委书记姜治莹（右一）出席《景行如人：徐如人传》发行仪式

▲ 2021年3月，吉林大学庆祝徐如人院士九十寿辰暨《景行如人：徐如人传》出版发行活动合影（前排左起：宋天佑、李守贵、徐翊华、裘式纶、张希、徐如人、姜治莹、江雷、王杏乔、于吉红、郝先儒）

发行。

　　莫道桑榆晚，为霞尚满天。徐如人对科学事业的初心不改，他的晚年也绚丽多彩。总结徐如人的科教人生，给我们竖起了一面不朽的旗帜，也为后人留下了弥足珍贵的精神财富。